Átila Quaggio Coneglian
Rosimeire Marques da Silva Coneglian

***m*.BOOKS**

M.Books do Brasil Editora Ltda.

Rua Jorge Americano, 61 - Alto da Lapa
05083-130 - São Paulo - SP - Telefones: (11) 3645-0409/(11) 3645-0410
Fax: (11) 3832-0335 - e-mail: vendas@mbooks.com.br
www.mbooks.com.br

Dados de Catalogação na Publicação
Coneglian, Átila Quaggio e Coneglian, Rosimeire Marques da Silva
Minha Equipe É um Show! / Átila Quaggio Coneglian e Rosimeire
Marques da Silva Coneglian.

1. Autodesenvolvimento 2. Treinamento 3. Recursos Humanos
4. Psicologia

ISBN: 978-85-7680-081-1

© 2010 M. Books do Brasil Editora Ltda. Todos os direitos reservados.
Proibida a reprodução total ou parcial. Os infratores serão punidos na
forma da lei. Direitos exclusivos cedidos à M.Books do Brasil Editora Ltda.

EDITOR: MILTON MIRA DE ASSUMPÇÃO FILHO

Produção Editorial: Lucimara Leal
Coordenação Gráfica: Silas Camargo
Editoração e capa: Crontec

Átila e Rosi
www.atilaerosi.com.br

Dedicatória

Dedicamos este livro a todas as pessoas que compuseram equipes em nossas vidas e a todas as equipes a que já pertencemos.

Esta obra será a propagação dos ensinamentos e estímulos que recebemos de todas as pessoas que nos ensinaram, estimularam e ajudaram em nosso crescimento, em nossas conquistas e em nossa sustentabilidade. Certamente, ele irá ensinar e estimular você também.

Dedicamos também este livro ao nosso mágico mestre Kassin (Jair Matheus Cassetari), *in memoriam*, que muito nos ensinou. E ao nosso mestre mágico Jesus, que jamais deixa de nos ensinar.

Sumário

Prefácio 11

Uma Homenagem Especial 13

Introdução 15

Capítulo 1
Primeira Missão: Ensinar a Amar. 17

Capítulo 2
Espinhos no Caminho 24

Capítulo 3
Depende de Nós: Eliminando Bengalas e Plantando
a Flor Interior 32

Capítulo 4
Claquete e Água Pura. a TransformAÇÃO e a CriAÇÃO
do Bom Ambiente em Torno de Nós 49

Capítulo 5
Necessidade de se Aprender a Enxergar Além
do Que os Olhos Podem Ver. 64

Capítulo 6
Compromisso com o Comprometimento 78

Capítulo 7
Desculpa x Responsabilidade
(Hábitos Positivos e Negativos) 88

Capítulo 8
Identificando Corações... A Satisfação, a Divisão
a Flor e o Jardim 104

Capítulo 9
Celebração... Celebrando a Equipe Show. 113

Capítulo 10
Um *Case* Prático
Hepatite C – Da Dor da Doença à Militância Social 117

Conheça Átila e Rosi, Conferencistas e Ilusionistas 125

Sobre os Autores 127

Prefácio

Decidi escrever este prefácio pelo fato de o conteúdo deste livro intitulado *Minha Equipe É um Show!* – escrito pelos meus amigos e parceiros de trabalho, ilusionistas internacionais e palestrantes Átila e Rosi – ter um significado muito importante na minha vida.

O fato de eu ter tido uma *equipe show* nas áreas familiar, social e profissional foi imprescindível para eu sair de uma situação de forte depressão, fruto do tratamento da Hepatite C.

Minha família e os amigos verdadeiros foram fundamentais para a minha recuperação, no momento em que me deram a devida atenção e suporte humano durante todo o tratamento.

Por isso tenho a certeza de que o sucesso de famílias, instituições públicas e privadas, empresas e qualquer segmento que compõe uma sociedade, terão muito mais eficiência quando possuírem uma equipe de pessoas comprometidas com o mesmo objetivo, ou seja, uma *equipe show*.

Luiz Francisco Gonzalez Martucci

Uma homenagem especial

Queremos agradecer ao Luiz Francisco Gonzalez Martucci por dar a honra de ter prefaciado nosso livro. Ele é, sem dúvida, um dos maiores batalhadores em todo o Brasil em defesa das pessoas portadoras da Hepatite C. Tanto fomos parte da *equipe show* que ele precisou para se curar e dedicar toda sua vida a esta causa, como ele tem sido para nós.

A história de vida narrada no fim do livro é um exemplo prático do valor de uma *equipe show*. Queremos dividir com ele o sucesso deste livro!

Átila Quaggio Coneglian
Rosimeire Marques da Silva Coneglian

Introdução

O peixinho Sebastião precisa de uma equipe show

Minha sobrinha Bia viajaria com a família, e eu cuidaria de Sebastião, seu peixinho.

Assim aconteceu.

Na casa, procurei pelo aquário.

Surpresa, Sebastião estava sozinho.

Tratei-o e fui embora revoltado, pensando: "Como a Bia pode deixar sozinho seu lindo peixinho? Vai levar bronca quando chegar".

Passaram-se os dias. O momento chegou.

— Bia, o Sebastião morrerá de solidão. Ficará sozinho até quando? Não tem coração menina?

— Calma, tio, você entende de peixe?

— Não, mas entendo o que é solidão.

— Tio, ele é um Betta, um peixe agressivo que não aceita companhia, se colocar outro no aquário, brigam até morrer. Sebastião é um peixe bem complicado, Tio.

Silenciei. Não imaginava que ele fosse tão complicado. Não tirava da cabeça o tal peixe.

Admirado, refleti: complicado não é apenas o lindo peixinho Sebastião. As Pessoas, meu Deus, as pessoas! Existem pessoas lindas e solitárias; agressivas e muito complicadas. Por quê? Aprofundei meus pensamentos... São medrosas, é isso! Ocultam o medo atrás da agressividade. Medo de amar, de abrir o coração e de se machucar, de dividir seu espaço e perdê-lo, de dar mais um passo e cair, de se transformar.

Não percebem que a dor que tentam evitar não existiria ou seria menor que a intensa dor a que se acostumaram e sentem diariamente. O medo de ter uma dor maior as impede de perceber as boas pessoas que se aproximam, que dividiriam a vida com elas, que dariam a vida por elas, e então as agridem, as afugentam.

Convivem com a solidão. Lindas por fora, horrendas por dentro; complicadas, não aprenderam a amar.

O amor protege, cria energia positiva em nossa volta, atraindo pessoas maravilhosas que nos amarão sem pedir nada em troca. Amarão porque são amadas por nós.

O amor revigora, dá força, renova, nos transforma em pessoas fortes e corajosas. Amar e ser amado eleva nossa auto-estima. E com ela enfrentamos os medos.

Heureca!...

Aprender a amar...

É só isso!

— Bia, vem aqui, temos uma missão: precisamos ensinar urgentemente o peixinho Sebastião a amar.

CAPÍTULO

1

Primeira Missão: Ensinar a Amar, a Enfrentar os Medos e a Voltar a Sonhar

"Se um dia tiver de escolher entre o mundo e o amor, lembre-se:
Se escolher o mundo, ficará sem o amor;
mas se escolher o amor, com ele você conquistará o mundo."

(Albert Einstein)

Bem, acabei compreendendo que ensinar a amar e enfrentar os medos não é tão fácil como pensei. Refleti muito sobre o acontecido e sobre como poderia ajudar verdadeiramente a transformar as pessoas e trazê-las de volta para a vida real.

Percebi que a melhor forma de ensinar as pessoas a amar e a enfrentar seus medos é fazê-las sonhar novamente. Elas precisam descobrir novos motivos para viver, motivos verdadeiros; precisam redescobrir a emoção de realizar sonhos novamente. Precisam sentir aquela sensação de felicidade quando realizam seus sonhos, mesmo os pequenos. E sentirão essa sensação novamente, despertando em seu interior o desejo e a vontade de resgatar e realizar antigos e novos sonhos...

O problema é que precisam sonhar novamente, e jamais devem parar de sonhar... Jamais devem parar de sonhar... Jamais devem parar de sonhar...

Pensem e reflitam: são os nossos sonhos que nos movimentam; são eles que nos fazem percorrer caminhos aparentemente impossíveis. São eles que nos fazem quebrar paradigmas que nos aprisionam em nosso dia-a-dia. Os sonhos nos transformam em pessoas empreendedoras, nos transformam em pessoas corajosas capazes de enfrentar desafios e assumir riscos.

Realizando nossos sonhos, seremos pessoas felizes cercadas de pessoas felizes.

Mas, neste livro, resolvi não falar de sonhos e sim das trajetórias que nos fazem realizar os sonhos. De nossa caminhada diária, passo a passo, na busca pela realização de nossos sonhos. Na busca constante para sermos pessoas realizadas e de sucesso; busca esta que muitas vezes nos transforma em pessoas complicadas, depressivas, insatisfeitas, solitárias e infelizes.

Isso acontece porque muitas pessoas não compreendem que, para percorrer uma trajetória de sucesso que realize nossos sonhos, que nos transforme em pessoas felizes e realizadas, precisamos *TER* ou *PERTENCER* a uma "equipe show", a uma equipe show de verdade.

É importante ressaltar que, nesta obra, quando nos referirmos a TER ou a PERTENCER a uma "equipe show", estamos nos referindo sempre a três equipes que precisam se fundir e ter equilíbrio em nossas vidas para nos tornarmos pessoas felizes, realizadoras de sonhos e de sucesso. São elas: a nossa equipe familiar, a nossa equipe social e a nossa equipe corporativa.

Acredite, todos nós passamos em alguns momentos, de alguma maneira, por dificuldades em nossas trajetórias de sucesso. Se não tivermos uma equipe show, não teremos sustentabilidade.

Para entender o que falo, basta olhar em sua volta; são inúmeros os exemplos de pessoas bem-sucedidas que, de repente, despencam em um abismo que parece nunca ter fim.

São artistas, estrelas, cantores, humoristas (é, os humoristas, apesar do senso de humor, também despencam), apresentadores, mágicos e muitos outros não tão famosos Joãos e Marias, Pedros e Cláudias, que passam em nossa frente todos os dias nos dando exemplos de insustentabilidade, por meio do uso de drogas, de crimes hediondos, da pedofilia; das famílias que ruem e se desmontam. Há empresas que são dissolvidas e acabam, pois são destruídas pela falta de relacionamento, na sucessão, entre pessoas que até então conviviam na mais perfeita harmonia.

Sem perceber, as pessoas vão perdendo suas equipes e vão se fechando em um ovo (menor do que o minúsculo aquário redondinho do peixinho Sebastião) que se torna impenetrável, por sua própria vontade. Essas **pessoas ovóides** são pessoas depressivas, carentes e infelizes por não pertencer ou não ter nenhuma equipe. Não conseguem se integrar, ter equilíbrio e sintonia em nenhuma equipe, pois não se esforçaram ou, simplesmente, não quiseram ter ou pertencer a uma equipe show. São peixinhos complicados como o Sebastião. E alguns vão além, são tubarões muito mais complicados que o peixinho Sebastião.

> *"Eu sou o meu pior inimigo em tudo o que fiz."*
>
> (MIKE TYSON)

Falando de pessoas complicadas, observamos que, em nossa trajetória em busca da realização de sonhos, de sermos felizes, de sermos pessoas de sucesso, existe um fator muito forte que tem o poder de decidir por nós.

Esse fator é a nossa "vida"... É o nosso "dia-a-dia".

A vida é cruel em nossa trajetória, ela bate... Bate forte.

"Criei um aparelho para unir a humanidade, não para destruí-la."

(ALBERTO SANTOS DUMONT)

Chega uma hora, um momento, em que a vida bate na gente, bate muito forte. Bate tão forte que perdemos o equilíbrio e caímos, e apesar de todos os nossos esforços, conscientes e inconscientes, não conseguimos levantar. Ficamos ali, estatelados, desmaiados, desmotivados, depressivos e moribundos.

Será nesse momento de nossa vida, meu amigo, que precisaremos ter ou pertencer a uma equipe show de verdade. Será ela quem vai nos colocar em pé novamente, vai nos ajudar, incentivar, dar forças, sustentar, ensinar e tudo mais que possa imaginar. Será ela quem vai cuidar de nós, ela dará a vida por nós.

Será ela quem nos mostrará novamente como seguir o caminho... E, muitas vezes, será ela quem nos carregará no colo por muitos quilômetros até podermos ter novamente o controle de nossa lucidez e o equilíbrio necessário para caminharmos juntos ou liderar nossa equipe com a força e o amor necessário para sermos felizes, e juntos realizarmos sonhos.

Esse comentário me fez lembrar uma cena a que assisti certa vez.

Uma cena que me impressionou e que exemplifica muito bem o que acabei de falar. Foi uma cena brutal, uma lição de vida, uma poesia. Ela não sai de minha mente.

Em uma tourada em Madri, um dos toureiros se preparou para pegar um touro Miúra à "unha", ele queria pular em sua cabeça envolvendo-a por trás dos chifres com os seus braços. Pretendia, sozinho, imobilizar o touro. Ele estudou o touro e seguiu em sua direção, o touro idem. O encontro foi no meio da arena... Impressionante... De tirar o fôlego... Ele pulou sobre a cabeça do touro e, não conseguindo travar os braços em volta do pescoço do animal, escorregou pela cabeça do mesmo levando uma cabeçada de um Miúra no queixo. Ele foi projetado para frente e caiu de costas no chão a muitos metros, o touro continuou correndo e saltando por cima dele, e pisando muito próximo de seu corpo e de sua cabeça. Foi aterrorizante. Ele tentou se erguer, cambaleou, amoleceu e caiu no chão novamente. O touro partiu novamente para cima, dando nova cabeçada no toureiro já imóvel. Rezávamos por uma intervenção... Nesse momento, alguns homens chegaram correndo, era a equipe show, e quando o touro se preparava para cabecear novamente sua vítima, os homens pularam por cima do toureiro que já estava desmaiado. Com seus próprios corpos, fizeram um escudo humano que o animal enfurecido cabeceava, chifrava, arrastava e pisoteava. O público, atônito, aplaudia aquele gesto que persistiu até o touro se cansar e ser dominado, deixando feridas que talvez nunca se cicatrizem. Mas aquela cena que me deixou profundamente impressionado, também me ofereceu uma lição de vida inesquecível, ensinada naquele instante por uma equipe show de verdade.

Saí de lá com muitas perguntas na cabeça:

— O que leva uma pessoa a dar, se necessário, sua vida por outra?

— O que leva algumas pessoas, simultaneamente, a sacrificar, se necessário, suas próprias vidas por outra?

— Será que eu sacrificaria a minha vida por outra pessoa?

— Será que alguma pessoa sacrificaria sua vida por mim?

— Será que a equipe a que pertenço daria a vida por mim como acabei de ver?

— Será que a equipe a que pertenço é capaz de me proteger desta maneira?

E mais...

— Eu seria capaz de fazer o mesmo pela minha equipe?

— Eu seria capaz de me arriscar pela minha equipe?

A cena e a lição não saíam de minha cabeça, analisei e pesquisei muito sobre as respostas. Uma em especial, uma pergunta que fiz a mim mesmo logo que saí daquele lugar. Uma pergunta para a qual achei a resposta depois de muito pesquisar, pensar, analisar e refletir. Pergunta esta que me proponho a responder neste livro. Pergunta esta que tenho certeza de que neste momento você deve também estar fazendo para si mesmo:

O que será preciso para ter uma equipe como essa? Como faço para ter ou pertencer a uma equipe show, que me dará sustentabilidade e que seja capaz de dar a vida por mim?

Responder a esta pergunta é a minha segunda missão neste livro.

CAPÍTULO 2

Espinhos no Caminho

"O homem há de voar."

(ALBERTO SANTOS DUMONT)

Para respondermos à pergunta-chave feita no final do Capítulo 1, é necessário fazer uma reflexão que deve começar por uma análise dos *problemas* que precisaremos identificar e superar verdadeiramente com muito desapego, equilíbrio, amor incondicional, respeito e disciplina para se ter ou pertencer a uma equipe show de verdade.

Primeiramente, é necessário identificar em nossa equipe (familiar, corporativa e social) um personagem muito importante.

Esse personagem é o destruidor de equipes, relacionamentos e resultados. *Ele é o maior perigo para a sustentabilidade de qualquer trajetória de sucesso.* Ele acaba com as equipes e tem um *modus operandi* que passaremos a conhecer.

O Destruidor de Equipes, Relacionamentos e Resultados

Imagine uma equipe que recebe a sorrateira ação desse personagem. Ela vai sendo contaminada aos poucos, destruída por ferramentas antigas que cortam nosso coração como uma pequena gilete afiada.

As ferramentas preferidas do destruidor são as atitudes negativas e as sabotagens (físicas e mentais). Eles despejam de seu cadinho fumegante, ferro em brasa.

Eles se autonomeiam sinceros demais e não medem seus comentários inconvenientes e propensos ao mal, que azedam o ambiente onde se encontram. Os destruidores de equipes despejam muitas outras brasas de diversas maneiras no coração de nossas equipes, como por exemplo:

- Detestam a função, nunca ficam contentes onde estão e sempre almejam o lugar do outro;
- Não gostam de *feedbacks*, ficam sempre na defensiva;
- Acreditam ser sábios e se acham insubstituíveis;
- Não conseguem delegar, desconfiados, nunca acreditam em ninguém;
- São mestres em mentir e inventar desculpas;
- Não suportam a contrariedade. Sempre que contrariados, agem com agressividade.
- Contaminam pelo pessimismo e pelas caras feias;
- São incapazes de escutar; são maus ouvintes, não assimilam informações importantes e também, muitas vezes, não fazem questão de escutar;
- Avessos a mudanças, tornam-se despreparados e incompetentes;
- Incorrem sempre nos mesmos erros;
- Descontrolados e indisciplinados, eles vão sempre na contramão das regras, pois gostam de chamar a atenção pela rebeldia;
- Não são persistentes, desistem facilmente de novos desafios;
- Mal-intencionados, não assumem seus erros e colocam a culpa de todas as suas falhas e insucessos nos outros, indiscriminadamente. Sempre se justificam encontrando uma razão falsa que os impede de enxergar a verdadeira. Mais ou menos assim:
  — *Fui perseguido*.

— *Meu antigo chefe ficou com medo que eu assumisse o seu lugar, por isso me dispensou.*

— *Eu trabalho tanto, estudo tanto, faço tudo direitinho, mas perdi a promoção para aquele novato chato só porque meu chefe se simpatizou com ele.*

— *Meus amigos não querem mais que eu jogue no time. Sabe o que acontece? O juiz me persegue e meus amigos acham que isso pode prejudicar o andamento do time no campeonato.*

— *Minha mulher foi uma boba, me abandonou porque escutou a minha sogra. Imagina... Escutar justo ela, que nunca gostou mesmo de mim, só ficou satisfeita depois que sua filha me abandonou.*

— *E o meu filho? Ficou com a mãe, é lógico. Ele foi influenciado por ela, sempre tive que trabalhar fora, e ela e minha sogra usaram esse tempo para desenhar minha caveira para o meu próprio filho. Você acha justo? O menino nem fala mais comigo, não quer nem saber. Mas tudo bem, deixe-o crescer que ele vai descobrir toda a verdade. Aí elas vão pagar na mesma moeda.*

A personalidade dos destruidores também é reconhecível, ela é dura, tem aversão a mudanças, não assimila bem críticas e se apega a argumentos alicerçados em velhos paradigmas. São:

- Egoístas
  - Agressivos
    - Surdos
      - Míopes
        - Procrastinadores
          - Desanimados
            - Rebeldes

- Pessimistas
  - Agressivos
    - Invejosos
- Carentes
  - Inseguros
    - Arrogantes
      - Impulsivos
        - Teimosos

> *"Se você se irrita com os críticos, você pode ter certeza de que quase sempre eles estão certos."*
>
> (STEPHEN KING)

Infelizmente, eles mesmos não percebem que são destruidores e acabam se autodestruindo também.

Destroem a empresa e vão embora colocando a culpa na crise, no chefe, na equipe etc. Incapazes de valorizar uma crítica, colocam a culpa de seus revezes nos outros. Nunca em si mesmos.

Destroem a família e colocam a culpa na sogra, nos filhos, na mulher etc. Destroem, vão embora e continuam destruindo até não ter mais nada a que ou a quem destruir. Enfim, percebem tarde demais que acabaram destruindo a si próprios.

Aliás, a própria destruição é o final de toda trajetória dos destruidores.

Finalmente, e para encerrar, os destruidores são muito chatos...

E como diria a canção:

> *"Todo chato é gosmento, mas não há*
> *como evitar.*
> *Eu sou um chato e, meu Deus, não me*
> *agüento, só me tacando no mar.*
> *Só me tacando o mar."*
>
> (TRECHO DA LETRA DA MÚSICA "O CHATO",
> DE OSWALDO MONTENEGRO)

Então, devemos perguntar:

O destruidor tem salvação ou devemos jogá-los no mar?

Sem dúvida, tem salvação! Mas quando? Quando ele conseguir ter a humildade de desenvolver a autocrítica para se transformar positivamente.

Vou fazer um parêntese e contar uma história que ocorreu em uma de minhas consultorias:

Após uma avaliação minuciosa de todo o pessoal envolvido na área de produção de uma conceituada produtora independente de televisão, consegui identificar um destruidor. Ele era o pivô de 70% dos problemas listados pela direção. É impressionante o estrago que apenas um destruidor pode fazer na sua equipe, na sua empresa, na sua família. Imagine vários destruidores agindo em conjunto.

Esse destruidor já havia contaminado alguns bons colaboradores, que já apresentavam sintomas superficiais e acenavam com a possibilidade de se transformar em uma *equipe de destruidores*. Graças a uma ação alinhada e em conjunto com a direção, jogando de maneira franca e aberta, definimos novas regras e endurecemos o jogo.

Concentramo-nos na recuperação dos possíveis futuros destruidores novatos e também na recuperação do pivô central, o verdadeiro destruidor. Valeu a pena, pois ele era um ótimo funcionário e se tornou ainda melhor. Mas ocorreu um caso que narro até hoje em minhas palestras. Uma vez identificado, o chamei para uma conversa pessoal e formal que aconteceu em minha sala provisória. Expliquei meus pontos de vista, que eram alinhados com os da empresa. Nessa conversa, na qual falei por meio de metáforas, mostrei a importância de uma transformação positiva e o bem que poderia fazer para sua carreira. Ele aparentemente entendeu tudo, aceitou minhas colocações e foi embora prometendo se transformar verdadeiramente.

Sabia que não seria fácil, apenas havia dado o pontapé inicial de um jogo que duraria longos quatro meses. Na semana seguinte fui surpreendido por uma pessoa completamente diferente. Ele havia de fato se transformado, cortara a grande cabeleira e o cavanhaque, retirou os *piercings* e passou a usar lentes de contato. Ele tinha a função de cinegrafista, mas estava se vestindo como um diretor executivo. Olhei para aquele rapaz e pude observar uma tremenda transformação. Fiquei contente, mas preocupado com a possibilidade de ser somente uma meia transformação. Dito e feito, após alguns dias lá estávamos nós conversando em minha sala improvisada novamente. Dessa vez, não usei metáforas, fui direto ao assunto e procurei me certificar de que ele realmente entendera claramente tudo o que eu disse.

— Amigo, quero parabenizá-lo pela sua transformação, você ficou muito bem. Ela foi boa para a sua imagem, para a imagem da empresa, mas infelizmente não era somente esta transformação positiva que lhe falei. Não é somente uma transformação externa que você precisa. É necessário também uma transformação interna. *Você precisa mudar por dentro.* Se não fizer isso, vai sair daqui bonitinho assim, mas vai continuar destruindo outras empresas, outras equipes por onde passar. Você vai se transformar internamente quando compreender que as causas de todos os seus problemas **não estão nos outros, e sim em você mesmo**. É necessário abrir mão de suas muletas e assumir o compromisso de se transformar internamente, entendeu? É preciso desenvolver a autocrítica para reconhecer e identificar limitações e defeitos para aprender a superá-los, entendeu? Transformar-se internamente, internamente. Entendeu?

Ele levou quatro longos meses, mas conseguiu se transformar internamente. E se salvou.

CAPÍTULO 3

DEPENDE DE NÓS (ELIMINANDO BENGALAS E PLANTANDO A FLOR INTERIOR)

"O reino de Deus está dentro de vós."

JESUS CRISTO, EM LUCAS 17:21

Em uma de minhas primeiras lições de mágica, o meu mestre me mostrou uma bengala que virava uma flor. Fiquei encantado, pois sempre vi mágicos transformarem bengalas em lenços... Mas transformar a bengala em uma flor foi, sem dúvida, a mágica mais surpreendente e intrigante que vi naquela ocasião... Era menino ainda, impressionado, não parava de falar sobre a mágica da bengala que virava uma flor.

Um dia, meu mestre sorrindo me presenteou com uma linda bengala semelhante a que ele usava para transformar em flor. Então, fiquei ansioso para transformá-la em flor, mas por mais que tentasse, não conseguia. Ela não se transformava. Implorei ao meu mestre para que me ensinasse a mágica para transformar a bengala em flor. Ele sorrindo me disse:

— Querido menino, não posso lhe ensinar esta mágica, ninguém pode. Esta é uma mágica que você terá de aprender sozinho. É necessário tempo, paciência, persistência, equilíbrio, autocrítica, evolução e desprendimento.

— Desprendimento, por que desprendimento? — perguntei.

— Precisará de desprendimento quando chegar a hora de jogar esta bengala fora.

— Jogar fora? Nunca vou jogar fora uma bengala tão linda. — respondi.

— Espero do fundo de meu coração que chegue o dia em que você consiga realmente jogar esta bengala fora. Mas, só vai depender de você.

— E a mágica? Quero aprender transformá-la em flor.

— Você aprenderá no momento certo.

"Não se pode ensinar nada a um homem;
só é possível ajudá-lo a encontrar as
coisas dentro de si."

(GALILEU GALILEI)

Cresci. E infelizmente, só depois de muito tempo é que entendi o que ele queria dizer.

— *Obrigado mestre pela lição que recebi. Desculpe-me por ter levado tanto tempo para compreender uma lição tão simples.*

É, meus amigos, a lição era simples, mas seu ensinamento é muito complexo e profundo. **Eu era um destruidor de equipes.** E enquanto destruidor jamais conseguiria transformar minha bengala em flor, pois a bengala simbolizava todos os comportamentos e atitudes negativas nos quais eu me apoiava, **acusando os outros de meus próprios erros.** Precisei aprender a assumir minhas próprias falhas, para poder exercer o poder da transformação. Com esse poder, poderia me transformar e seguir transformando outras pessoas em minha futura trajetória rumo ao sucesso.

É bem mais fácil tentar mudar o comportamento dos outros do que mudar o nosso próprio. Mas, vale a pena tentar. Dá certo. Podemos transformar tudo, inclusive nossas atitudes e comportamentos. Somos possuidores desse poder.

Joguei fora a bengala...

Algo instantâneo aconteceu quando a joguei fora, aconteceu a mágica que tanto busquei aprender:

A bengala desapareceu e em seu lugar apareceu uma flor. Uma flor nova ainda... Mas uma flor maravilhosamente bonita. Ela exalava um perfume que eu jamais havia sentido.

O perfume de minha transformação interior.

Demorei 25 anos para aprender essa mágica. Finalmente, entendi por que aprender a realizar essa mágica somente dependia de mim – única e exclusivamente.

Meu mestre jamais poderia jogar fora por mim a minha bengala. Eu precisava descobrir sozinho como fazer essa transformação...

É que a flor não vem da bengala, ela vem de nosso interior. Demorei 25 anos para aprender que existe uma flor dentro de nós que precisa desabrochar, precisa ser cultivada dia a dia para brotar e crescer saudável.

Desabrochar ou não essa flor é uma escolha que fazemos. Mas... é importante fazê-la desabrochar. Conseguimos despertá-la a partir do momento em que nos tornamos conscientes de nossas limitações e, então, conseguiremos exercer a autocrítica e o desprendimento para jogar fora nossas bengalas, transformando-as em perfumadas flores.

Nosso futuro será o resultado do que estamos fazendo com nossa vida neste momento.

*"O futuro dependerá daquilo que
fizermos no presente."*

(GHANDI)

Peço que observem a flor interior e lembrem-se de que ela não existe somente dentro do destruidor de equipes que quer mudar de atitude, ela existe dentro de cada um de nós.

É verdade. Não precisamos ser mágicos para realizar essa transformação. Todos nós temos bengalas e todos nós possuímos o poder de transformá-las.

Só há um detalhe: essa transformação, como diz muito bem a música composta por Ivan Lins e Vitor Martins, **"depende de nós!"**.

Depende de nós!

"... Depende de nós
Se esse mundo
Ainda tem jeito
Apesar do que o homem tem feito
Se a vida sobreviverá...
...
... Que acredita
Ou tem esperança
Quem faz tudo
Pr'um mundo melhor...
...
... Depende de nós!... Depende de nós!... Depende de nós!..."

E com a mesma melodia, Rosi e eu complementamos e parodiamos a canção ao nosso modo:

Depende de nós!
Desabrochar a flor da esperança
Que nasce dentro de nós...

Depende de nós!
Cuidar dia a dia da planta
Fazer crescer a flor da esperança
Que nasce dentro de nós...

Depende de nós!
Que ela seja uma boa planta
Que floresça à luz da mudança
Que acontece dentro de nós...

Depende de nós!
Depende somente de nós!
Depende exclusivamente de nós!
(Átila e Rosi)

"Conhece-te, aceita-te, supera-te."

(Santo Agostinho)

Bem, agora que você descobriu que todos nós temos uma flor interior, devo lhe ensinar como cuidar dela. Entretanto, antes disso, preciso responder a uma pergunta que você já deve estar fazendo para si mesmo:

— *Que flor desabrochará dentro de mim? Qual será a flor? Será uma bela flor?*

Esta pergunta é fácil responder:

— Você pode escolher a flor!

Nosso futuro vai ser o resultado do que estamos fazendo com nossa vida neste momento, pois a flor que nascerá amanhã dentro de nós refletirá a beleza de nossos atos presentes.

(ÁTILA E ROSI)

Sim, meu amigo, você pode escolher a semente... Pode escolher ser a semente de uma planta seca ou de uma planta carnívora, de uma bela planta ou de uma planta murcha... Enfim, você escolhe a semente com seus atos presentes.

"Uma poderosa ferramenta para nos ajudar a gerir com habilidade a nossa vida é perguntar, antes de cada ato, se isso nos trará felicidade. Isso vale desde a hora de decidir se vamos ou não usar drogas até se vamos ou não comer aquele terceiro pedaço de torta de banana com creme."

(DALAI LAMA)

Como estão nossos atos presentes?

Antes de continuarmos, precisamos responder para nós mesmos algumas perguntas:

Como estão nossos atos presentes perante nossa equipe familiar?

> *"Era um sujeito realmente distraído: na
> hora de dormir, beijou o relógio, deu
> corda no gato e enxotou a mulher pela
> janela."*
>
> (Jô Soares)

Eu vejo muitas pessoas complicadas reclamando da família, e também vejo muitas famílias complicadas reclamando de pessoas.

É preciso enxergar com carinho essa equipe.

Nossa equipe familiar é o pilar de sustentação de nossa vida, é ela que gera forças motrizes que nos fazem descobrir novos caminhos e soluções em nosso dia-a-dia.

É ela que nos acolhe e nos aquece. É na convivência com ela que desenvolvemos o nosso caráter.

Ouvimos muitas pessoas todos os dias, famílias, casais, crianças, jovens, adultos, velhos... Que na convivência cotidiana *construíram e adquiriram grandes problemas*.

E nossa conclusão é que esses problemas são muito parecidos. Eles estão presentes nas pessoas complicadas e alicerçados, na maioria das vezes, no *egoísmo*, na **rebeldia** e no **medo** (todas qualidades de um excelente destruidor de equipes).

São os pais que não abrem mão dos filhos, com medo de perdê-los, mas não percebem que, com essas atitudes, já os perderam; são filhos que não conversam com os pais, acreditando que são seres superiores, mas infelizmente não percebem que dependem dos pais e dependerão por muitos longos anos. Alguns seres superiores, rebeldes e medrosos dependerão por mais de quarenta anos (já observaram que cada vez mais jovens envelhecem dentro dos lares dos próprios pais... Pais estes que dizem não suportar), ficam ali, pois são muito egoístas:

— *Tenho o meu canto e não compartilho com ninguém, muito menos saio daqui, não vou perder meu conforto.*

O mesmo acontece com pessoas solitárias, elas demoraram demais para perceber que o conforto e a comodidade que criaram, e que sempre tiveram medo de perder, as estão fazendo sofrer. E o pior é que sofrem, sofrem, sofrem, mas não querem dividir seus sentimentos com ninguém, são individualistas, egoístas e não conseguem abrir mão, nem muito menos dividir o coração.

Por outro lado, existem pessoas e famílias que vivem maravilhosamente. Todos parecem estar na mais perfeita harmonia de ambiente, de sentimentos, de atitudes e de pensamentos.

Por quê?

São pessoas que abriram mão e aprenderam a dividir, elas dividem problemas, dividem soluções, dividem carinhos, dividem tristezas (***sim elas também ficam tristes – a diferença é que encontram consolo e conseguem se consolar umas as outras***), elas aprenderam acima de tudo a dividir o amor.

E fazem este amor crescer com seus ***atos presentes***: Amparam, escutam, aconselham, dão atenção, compartilham, mostram caminhos, respeitam, amam, consolam, protegem, ajudam, ensinam, brincam, divertem-se, celebram a vida e são muito felizes.

E você? Como estão seus atos presentes perante sua equipe familiar?

Seus filhos?

Sua esposa?
Seu marido?
A mamãe?
E a sogra?
O Sogrão?
E os *manos* e cunhados?
Enfim, está tudo bem?

Lembre-se, é só uma análise, não quero constrangê-lo, essa reflexão é sua, não seja rebelde, analise de verdade e, se for preciso mudar, mude. Você tem esse poder. Lembre-se, jogue fora a sua bengala.

Acalme-se, você está escolhendo a sua semente! Vamos em frente.

Como estão nossos atos presentes perante nossa equipe corporativa?

Passamos a maior parte do tempo com nossa equipe corporativa.

Acredite, passamos mais tempo com ela do que com a nossa equipe familiar...

Então, por que reclamamos tanto assim dessa equipe?

Será que estamos cuidando verdadeiramente de nossas atitudes positivas em relação a ela? Ou estamos cumprindo tabela e jogando roboticamente como zumbis que não esperam a hora de chegar ao final do jogo.

No mundo corporativo, conheci muitos zumbis, eles fazem tudo automaticamente: chegam, olham o relógio, entram em seu mundo interior (interior mesmo, quase conseguimos vê-los do avesso) e retornam ao corpo quinze minutos antes de chegar a hora de ir embora... Esses quinze minutos são sagrados. Vão prá casa e, sem perceber, agem da mesma maneira até o dia seguinte quando retornam ao trabalho. E seguem "zumbizando" prá lá e prá cá. São zumbis alienados, apenas zumbis!

Conheço alguns zumbis que despertam nos finais de semana e retornam ao estado sonambúlico já na segunda bem cedinho... Assim que chegam ao trabalho. São zumbis temporários!

Há também os zumbis que atacam pessoas, devoradores de cérebros eles são perigosos. Querem consumir a massa cefálica dos colegas de trabalho. Não sem antes temperá-la com muitas opiniões contrárias negativas, lengalengas, lavagem cerebral e hipnose. Eles tentam nos consumir por meio da submissão e nos influenciar socialmente para, com isso, também nos transformar em zumbis acéfalos alienados, procurando saciar uma sede que não tem fim. São zumbis canibais *coaching*!

Além de Zumbis, conheço também outros tipos:

Vampiros: Nos sugam o tempo, as energias, as idéias e o material humano.

Lobisomens: Seres complicados, misteriosos e mal resolvidos que nos fazem conviver duramente com sua bipolaridade comportamental.

Cucas: Bruxas horrorosas por dentro que conseguem, externamente, se passar por fadas.

Bichos Papões: Consumidores de gente, de material humano. Provocam o *turn over* (rotatividade de pessoal) e o absenteísmo (ausência no trabalho) emocional e mental.

Sacis: Pulam por todos os lados, agitam, perdem muito tempo, fingem trabalhar muito. Mas são pouco produtivos não trazendo nenhum resultado.

Mulas sem cabeça: Conheço muitas! Você também deve conhecer.

Engraçado, não sei como fui levar este comentário para a área fantasmagórica com lendas assombrosas... Pensando bem, talvez seja porque fiquei realmente *assombrado* com algumas conclusões a que cheguei observando o meu dia-a-dia: pesquisando, conversando, recolhendo *briefings*, realizando consultorias e ministrando palestras no meio corporativo e social, nos mais diversos estados e países, para os mais diversos níveis empresariais que podem imaginar, ou talvez não.

Pude observar e concluir que os ***atos presentes*** nessa área estão escassos, o que aponta um crescimento auto-sustentável de *"**desatos** presentes"*.

São muitos ausentes, alienados exigentes que consomem a gente.

Rimou. Heee!, Hee!, He!...

O problema é que o assunto é sério.

*"É injusto e imoral tentar fugir às
conseqüências dos próprios atos.
A natureza é inexorável e se vingará
completamente de tal violação
de suas leis."*

(GHANDI)

Querido amigo, devemos analisar com muita humildade, em nosso dia-a-dia, os nossos atos presentes perante nossa equipe corporativa.

É importante concluir que os bons atos presentes nos trarão sustentabilidade para sermos líderes; amigos; pais, mães, filhos, irmãos; executivos; empresários; colaboradores de sucesso.

O equilíbrio, o respeito, a confiança e a credibilidade trarão inúmeros benefícios para nossa flor interior.

Lembre-se! Ela precisa florescer dentro de nós.

Psiu, venha aqui. Chegue mais perto. Quero falar mais sério e bem baixinho no seu ouvido...

... É bom saber, amigo, que se você pertencer a uma dessas classes de zumbis e/ou de outros monstros, a realidade será essa:

— **Você já era.**

Ou se preferir:

— **"Isso não te pertence mais!"**

(Como diria uma humorista conhecida nossa aqui no Brasil).

É isso, simplesmente isso! Um dia acordará e, infelizmente, poderá constatar que nada mais lhe pertence, **sua equipe te deletou**. E se não se cuidar, se não cuidar da flor interior, ela vai murchar. E, conseqüentemente, você perceberá duramente que nada mais lhe pertence...

Pense nisso.

Como estão nossos atos presentes perante nossa equipe social?

Leia cantando e refletindo com atenção:

Ouviram do Ipiranga as margens plácidas
De um povo heróico o brado retumbante,
E o sol da liberdade, em raios fúlgidos,
Brilhou no céu da pátria nesse instante.

Se o penhor dessa igualdade
Conseguimos conquistar com braço forte,
Em teu seio, ó liberdade,
Desafia o nosso peito a própria morte!

Ó Pátria amada,
Idolatrada,
Salve! Salve!

Brasil, um sonho intenso, um raio vívido
De amor e de esperança à terra desce,
Se em teu formoso céu risonho e límpido
A imagem do Cruzeiro resplandece.

Gigante pela própria natureza,
És belo, és forte, impávido colosso,
E o teu futuro espelha essa grandeza.

Terra adorada
Entre outras mil,
És tu, Brasil,
Ó Pátria amada!
Dos filhos deste solo és mãe gentil
Pátria amada,
Brasil !

Deitado eternamente em berço esplêndido,
Ao som do mar e à luz do céu profundo,
Fulguras, ó Brasil, florão da América,
Iluminado ao sol do Novo Mundo!

Do que a terra, mais garrida,
*Teus risonhos lindos campos **têm mais flores**;*
*"**Nossos bosques têm mais vida**",*
"Nossa vida" no teu seio "mais amores".

Ó Pátria amada,
Idolatrada
Salve! Salve!

*Brasil, de **amor eterno seja símbolo***
O lábaro que ostentas estrelado
E diga o verde-louro desta flâmula
*"**Paz no futuro** e glória no passado."*

Mas, se ergues da justiça a clava forte,
Verás que um filho teu não foge à luta,
Nem teme, quem te adora, a própria morte.

Terra adorada
Entre outras mil,
És tu, Brasil,
Ó Pátria amada!
Dos filhos deste solo és mãe gentil
Pátria amada,
Brasil !

Amigo, se você não for brasileiro, for uma das outras "**mil**", não tem problema, cante também.

Afinal, a grande sociedade do planeta somente será evoluída e terá sustentabilidade ***quando todos os povos perceberem que só terão forças para resgatar e manter o planeta vivo de verdade quando unificarem-se***, quando agirem como um só. Um só pensamento, uma só voz, uma só atitude, uma só paz.

"Um por todos e todos por um"

(ALEXANDRE DUMAS)

Vivemos em um único planeta e precisamos aprender juntos a dar um show de integração, respeitando uns aos outros e, conseqüentemente, respeitando o planeta. Tenho um grande amigo, um amigo maravilhoso, o ***menino Flavio da Santa Gente e sua equipe show do bem***, eles já estão fazendo o ***Show do Planeta** (www.showdoplaneta. com.br)*.

Que tal nós também fazermos nossa parte e tentarmos fazer este planeta dar um show de verdade?

Resgatar o respeito será nosso primeiro passo.

Devemos assumir essa responsabilidade; assim conseguiremos em tempo salvar a humanidade e o planeta.

"A responsabilidade de todos é o único caminho para a sobrevivência humana."

(DALAI LAMA)

É necessário dizer mais alguma coisa?

— É, sim...

Como estão seus atos presentes perante essa equipe?

... Bem já refletimos sobre nossos atos presentes perante nossas três equipes.

Podemos mentir para os outros, mas não para nós mesmos.

Então...

... Conhecemos a verdadeira verdade, isso basta!

"Pode-se enganar a todos por pouco tempo, pode-se enganar alguns o tempo todo, mas não se pode enganar a todos o tempo todo."

(JOHN F. KENNEDY)

CLAQUETE E ÁGUA PURA – A TRANSFORMAÇÃO E A CRIAÇÃO DO BOM AMBIENTE EM TORNO DE NÓS

"Comece fazendo o que é necessário, depois o que é possível, e de repente você estará fazendo o impossível."

(SÃO FRANCISCO DE ASSIS)

50   Minha Equipe É um Show!

Agora que conhecemos a verdadeira verdade, sim, conhecemos: aquela do capítulo anterior, lembra-se? É claro que se lembra. E conhecendo essa verdade, já podemos nos transformar. E para essa transformação, precisaremos de algumas palavras mágicas:

Desejo, Decisão, Determinação, Coragem e Motivação.

Não é fácil nos transformarmos.

Precisamos buscar, na profundeza de nosso ser, nosso real desejo de tomar uma **decisão** para acontecer uma transformação positiva. Ela virá dessa busca e da descoberta que fizermos ao analisar nossos atos presentes.

Depois disso, precisaremos de **determinação** para transformar esse desejo em realidade.

E finalmente nossa **coragem,** que vai determinar se nossa transformação irá acontecer ou não.

A coragem de olhar para o futuro e fazer o que tiver de ser feito de verdade.

Nesse momento, a **motivação** será necessária.

Precisaremos encontrar motivos para nos transformarmos, para fazer o que tiver de ser feito.

E motivos, meu amigo, não faltam: família, lazer, trabalho, projetos, amigos, encontrar a felicidade, amor, paz, sonhos, sonhos e mais sonhos.

Rosi e eu temos uma receita que, neste momento, lhe passaremos.
Ela tem a ver com o nosso dia-a-dia, o nome da receita é **claquete**.
Nas filmagens, a claquete é o instrumento fundamental, ela marca as cenas e as tomadas para, no futuro, serem editadas. Nela, escrevemos as cenas do filme. E ela finalmente determina, após sua "batida" pitoresca, a palavra "AÇÃO" que é proferida pelo diretor... Então a cena começa.

É interessante de se ver, tudo está pronto: o cenário, as luzes, os atores, os cinegrafistas, os contra-regras, os efeitos especiais, tudo.

O grande detalhe é que o início de tudo se dá quando o diretor grita "**AÇÃO**".

Então a cena rapidamente começa, tudo se movimenta até finalmente ficar eternizado na película mágica que realiza nossos sonhos.

Em nossa vida não é diferente.

A receita é imaginar todos os dias, após acordar, uma claquete em nossa frente e nela escrever a cena e a tomada pertinente ao dia que passaremos, ao nosso dia de sucesso, de transformação e de realização de sonhos.

Precisamos olhar para ela e gritar: "AÇÃO", pois nós somos os diretores de nossas próprias vidas, ninguém poderá dirigir esse filme por nós.

Lembre-se: "Depende de nós".

Precisaremos ter coragem para dirigir esse filme e encontrar motivos todos os dias para fazer a cena de sucesso acontecer, contracenando com todas as oportunidades de sucesso, aproveitando-as! E com todos os obstáculos e dificuldades que aparecerão em nossa frente, para que sejam superados. Transformando-nos positivamente, teremos forças para fazer um maravilhoso filme com final feliz, e quem sabe conquistar um Oscar.

Esta é a receita para iniciarmos nossa **transformAÇÃO**. Assim é que iniciamos. Mas nada disso acontecerá se não partirmos para a AÇÃO verdadeira, usando a persistência para que a transformAÇÃO ocorra.

E para que consigamos transformar ação em um hábito, para que ela se torne parte de nós, como já falamos, precisaremos agir assim todos os dias; imaginando a claquete e dando o pontapé inicial com a palavra AÇÃO...

E isso vai depender somente de nós.

> *"Nada é impossível para aquele que persiste."*
>
> (ALEXANDRE, O GRANDE)

"Ação". É isso, meu amigo. Esse grito você terá de dar todos os dias para rodar o filme de transformAÇÃO e sucesso da sua vida.

Ação para se transformar e criar um ambiente saudável com os atos presentes.

Quando nos transformarmos de verdade, perceberemos que em nossa volta construímos um ambiente maravilhoso: harmonioso, equilibrado e feliz, que nos restaura e nos impulsiona para frente, nos mantendo em pé.

O ambiente saudável gera água pura que cultiva a nossa flor interior

Em meu aprendizado para me tornar um ilusionista, ganhei muitos presentes de meu mestre mágico. Ele sempre me mostrava bons caminhos e me dava maravilhosos ensinamentos por meio de presentes e parábolas. Quero falar, neste momento, de um presente especial que ganhei um pouco depois de jogar a bengala fora.

Lembra-se da bengala, não?

E o presente foi um vaso muito especial. Meu mestre me presenteou com ele, dizendo que o vaso simboliza cada um de nós, o indivíduo, o envoltório, a matéria.

E continuou:

— Note, caro discípulo, que ele contém água pura. Procurei enchê-lo com a água mais pura que pude encontrar. Para isso, busquei pela mais bela nascente e, com a água que encontrei nela, enchi este vaso.

Esta água representa nosso interior: a semente, o espírito. Mas atenção! Com este presente, você ganha também uma missão...

A missão de manter sempre, eternamente, dentro deste vaso a água pura como ela está neste momento.

Quando perguntei como, ele me disse o seguinte:

— Devemos cultivar, com nossos atos presentes, o ambiente que está em torno de nossa água.

Uma boa nascente, para ter uma boa água, uma água pura, precisa ter em sua volta muita beleza, muita paz e muita harmonia.

Assim como nós, para cultivarmos nossa flor interior, precisamos criar um **ambiente saudável onde quer que estejamos**, preparar o terreno, ter uma boa semente e, finalmente, gerar uma água pura.

Com nossos atos presentes, cuidaremos de nosso ambiente exterior, cultivando uma bela flor interior que crescerá forte, saudável e cheirosa. E, conseqüentemente, nossa água interior se manterá pura.

Fiquei um pouco confuso com tantas metáforas: flores, vaso, água, enfim... Você deve estar pensando: "Esses mágicos são loucos".

Mas você conseguirá nos entender...

E para que entenda, vamos fazer um parêntese e comentar sobre um pesquisador japonês:

Ele é Masaru Emoto. Autor do livro *Mensagens da Água*. No livro, ele narra sua pesquisa que nos demonstra como o efeito de determinados sons, palavras, pensamentos e sentimentos alteram a *estrutura molecular da água*.

A técnica que ele utilizou consiste em expor a água a esses agentes, congelá-la e depois fotografar imagens microscópicas geradas pelos cristais que se formam com o seu congelamento.

Ele recolheu amostras de água de inúmeros locais: rios poluídos, fontes, neve, nascentes, rios em geral, águas destiladas etc.

As imagens geradas foram impressionantes, vale a pena pesquisar na internet e também ler o livro.

Quando comparou essas imagens, Masaru observou que elas apresentavam variações significativas. O comportamento das moléculas de água após serem submetidas ao som de uma ameaça de morte foi revelador. As imagens dessas moléculas ficaram parecidas como a de moléculas de rios poluídos. O mesmo aconteceu com moléculas que presenciaram outras ameaças, desespero, angústia etc.

E simples palavras escritas em etiquetas e coladas nas garrafas também fizeram as moléculas da água apresentar alterações, a exemplo da palavra Adolph Hitler.

Vale refletir...

Às vezes, insistimos em prejudicar o ambiente maravilhoso que existe em torno de nós, com palavras e gestos ameaçadores que prejudicam somente a nós mesmos. Nosso sistema nervoso joga inúmeros hormônios contaminados que irão, com certeza, agir sobre nossa flor interior, lembrase? Ainda frágil, ela precisa de água pura.

Mas com essas atitudes, a água interior fica contaminada, precisa ser retirada de nosso interior, precisamos agir rápido, nossa flor interior ainda é um brotinho, precisa crescer em um bom ambiente. Precisamos retirar de dentro de nós essa água infectada.

Atitudes que são restauradoras.

Uma determinada palavra escrita e colada na garrafa por uma noite apresentou uma bonita molécula de água restaurada, parecida com a da água pura da nascente.

No texto estava escrito a palavra **"obrigado"**.

Se um simples obrigado transforma uma molécula de água, imagine o que uma prece, palavras de amor, fraternidade, encorajamento, amizade, podem fazer percorrendo nosso corpo carregado de água.

Se isso acontece fora do nosso corpo, ocorrerá dentro dele também, cada vez que agirmos com amor e retidão!

Uma ressalva:

É importante lembrar que o inverso também ocorrerá, com palavras ou sentimentos de ódio, inveja, vingança etc.

E com isso, podem ter certeza, poderemos adoecer. Com água carregada de energia má e destrutiva em nosso interior, nos destruiremos.

Muitas doenças começam a partir de nós! Contudo, se nos transformarmos positivamente, tudo acabará a partir de nós também!

Se agirmos com amor, verdade, retidão, paz e benevolência; conseguiremos reestruturar nossas vidas, dando-lhes felicidade, saúde e beleza interior!

Assim sendo, se água poluída faz mal à saúde, pensamentos e palavras ruins também o fazem!

Quando observamos o comportamento das moléculas de água respondendo a um "muito obrigado", refletimos sobre quantos muito obrigados deixamos de falar em nosso dia-a-dia. Podemos imaginar o quanto perdemos na criação de um bom ambiente em torno de nós e na restauração de nossa água interior.

Uma experiência chamou-me bastante a atenção:

Masaru Emoto analisou a água da represa Fujiwara (no Japão) antes e depois de oferecerem uma oração. As moléculas se transformaram: da aparência de rios poluídos, para a aparência de água pura.

Não é incrível?

O amor repõe água pura dentro de nós, ele abastece nossos compartimentos com água pura. Não é fantástico? Um agradecimento pode transformar nossa água. Agindo calmamente, com tranqüilidade, poderemos ter em nossa volta um ambiente saudável.

"A falta de amor é a maior de todas as pobrezas."

(MADRE TERESA DE CALCUTÁ)

A conexão com as vibrações e energias geradas por uma oração transforma e restaura verdadeiramente nossa água. Transforma-nos de dentro para fora. A conexão com Deus é importante, ela nos modifica, nos equilibra e nos engrandece. Deus é nosso amigo, ele nos ampara e nos mostra caminhos verdadeiros. Não podemos permitir que essa conexão se perca. Ela nos gera energias restauradoras preciosas que oferecemos a nós mesmos e aos outros, criando um bom ambiente ao nosso redor.

Experimente orar, vale a pena.

Que tal parar alguns minutos para orar? Agradeça todo o longo caminho que já percorreu e peça forças para continuar até o fim em um caminho bem-sucedido.

Amigo, isso não só vai restaurar sua água como também o restaurará completamente. Há quanto tempo não conversa com Deus? Ele vai lhe responder, de dentro para fora. Acredite! Ele vai lhe responder.

Vou fazer uma pequena pausa para orar também. Essa conexão é importante...

> *"A oração é o encontro da sede de Deus e*
> *da sede do homem."*
>
> (SANTO AGOSTINHO)

> *"Orar não é pedir. Orar é a respiração da*
> *alma. Como o corpo que se lava não fica*
> *sujo, sem oração se torna impuro."*
>
> (GHANDI)

Agora que já oramos, podemos fazer uma escolha: a de qual molécula queremos dentro de nós.

A decisão cabe somente a nós, será necessário reconhecer nossos erros e procurar manter atitudes positivas, para criar dentro de nós uma água purificada que possa regar e fortalecer nossa flor interior.

Devemos lembrar que a água é o principal componente do corpo humano, 70% dele é composto de água. Observe a quantidade de água existente em nossos órgãos:

Órgãos	Porcentagem de água
Cérebro	75%
Músculos	75%
Coração	75%
Sangue	81%
Rins	83%
Pulmões	86%
Fígado	86 %

A água representa 70% de nosso planeta. Ela é importante demais.

Nossa água precisa dar um show!

Gostaria de sugerir uma doação, doação de energia, realizando uma pequena meditação. Vamos fazer uma experiência: Leia o texto abaixo, escolha uma música tranqüila de fundo, uma música do bem, que lhe traga paz de espírito. Prepare-se para gravar o texto com a música escolhida de fundo. Grave-o em seu celular.

Logo em seguida, feche os olhos e reproduza a gravação, seguindo mentalmente o seu próprio comando. Será uma experiência incrível.

TEXTO PARA MEDITAÇÃO DA ÁGUA

... Relaxe...

Limpe seus pensamentos por alguns minutos...

Agora visualize o nosso mundo cercado de água pura, pura e cristalina, transparente, água de uma nascente. Pura e extremamente bela...

Essa água se multiplica, cresce, inunda o mundo, limpa os rios poluídos, limpa nossos mares, nossas geleiras...

Por onde passa tranqüiliza, purifica, reconstrói...

Vamos relaxando e imaginando ela se avolumando, crescendo, cada vez mais limpa...

Agora ela cai sobre nós, entra em nós. Ela limpa nossos piores pensamentos e nossos piores sentimentos. Apaga o ódio, o egoísmo, a inveja. Ela nos irriga, sua pureza limpa e purifica, produzindo um efeito maravilhoso **em nossa flor interior**...

Estamos agora mais relaxados, ela nos deixa tranqüilos, estamos prontos para a transformação necessária que **se iniciará hoje dentro de nós**.

Relaxe... Relaxe... Relaxe...

Imagine agora seus atos presentes totalmente renovados... Atos puros como essa água...

Então purificado, posso criar mentalmente a minha flor interior... Coloque cor... volume... beleza... E procure criar a flor mais bela que possa imaginar...

Pronto, **criei a minha flor**, a minha flor interior...

Devo agora retornar devagar, abrindo os olhos, respirando profundamente, sentindo o perfume dessa flor...

E a partir de agora, vou aprender a enxergar as outras flores do meu jardim; as flores que estão ao meu redor.

Fale a verdade. Não se sente melhor? Restaurado?

Deve-se repetir essa experiência sempre que sentir que sua água interior precisa ser restaurada, é fácil. Basta ligar seu celular, fechar os olhos e ouvir a gravação.

Retornando ao presente do mestre, percebi após algum tempo que era uma jarra inesgotável. Quanto mais água eu tirava dela, mais água ela continha. Ela simplesmente se enchia de água novamente, seu volume era inesgotável.

Curioso, indaguei ao mestre a respeito.

Meu mestre então me disse:

— Ela é uma jarra inesgotável. Ela foi preparada para regar nossa flor interior e nosso jardim. Funciona sob nosso comando mental, vamos regando, restaurando, regando, restaurando e, quando percebemos, produzimos um lindo jardim ao nosso redor.

A única coisa que acaba com seus poderes é a água podre, esta deve ser jogada fora o mais rápido possível, pois se permanecer dentro do vaso, ela contaminará a essência e então não poderemos mais regar nem a nossa flor interior e tampouco nosso jardim.

Entenda bem, é importante parar, jogar fora a água ruim antes que ela se torne podre. E em seguida buscar que ela se restaure imediatamente. Faça isso sempre que perceber que a água está se poluindo na presença de um ambiente ruim.

E não adiantará fugir, pois muitas vezes esse ambiente ruim o acompanhará, pois muitas vezes será você mesmo que o estará criando.

Lembre-se de: parar, jogar a água "podre" fora e imediatamente restaurar a água "pura", criando um ambiente saudável ao seu redor.

Tudo isso acontece com pensamentos e sentimentos gerados por você e por pessoas que estão a sua volta. Quanto mais elevado for o seu pensamento, mais elevado será o pensamento dos que estarão próximos a você... E mais elevado e harmonioso será o ambiente que estará ao seu redor.

Você é responsável pelo que pensa e pelo que faz as outras pessoas pensarem.

Jamais se esqueça disso, senão não conseguirá regar seu jardim com o seu vaso e sua água pura.

Há pensamentos e atitudes que precisamos jogar fora.
Eles poluem a nossa água interior e exterior.

- Misturar vida profissional com a pessoal e vice-versa.
- Desconfiança
- Cobiça
- Rancor
- Fazer fofocas e intrigas
- Acreditar em fofocas e intrigas
- Rebeldia
- Inveja
- Negativismo
- Egoísmo
- Ingratidão
- Resistência a mudanças – interiores e exteriores
- Medo de amar
- Medo de pedir perdão
- Medo de perdoar
- Medo de se perdoar

E muitas outras que poderíamos ficar dias enumerando. Acredito que, nesta altura, já deu para entender.

E agora que já sabemos como criar um harmonioso ambiente ao nosso redor, se conseguirmos realmente criá-lo, poderemos enxergar além do que os olhos podem ver.

CAPÍTULO 5

NECESSIDADE DE SE APRENDER A ENXERGAR ALÉM DO QUE OS OLHOS PODEM VER

- Miopia familiar, miopia corporativa e miopia social.
- Enxergar e valorizar pessoas e talentos.
- Enxergar e antecipar problemas e oportunidades.
- Enxergar oportunidades.

"Como camelô, eu já era um empresário. Mantinha três funcionários. Um ficava olhando quando vinha o rapa. O outro cuidava do estoque de canetas e o terceiro funcionava como farol. Ele chegava de 15 em 15 minutos e dizia: 'Gostei da caneta, me dá uma', chamando a atenção dos clientes."

(SILVIO SANTOS)

Refletiremos agora sobre algo maravilhoso: A Nossa visão e a maneira como enxergamos.

Vou pedir que deixe sua mente tranqüila e que relaxe um pouco antes de passarmos para o próximo passo.

Relaxe...

Agora que relaxou, você precisa ler em voz alta o texto escrito no interior da figura abaixo. Faça isso neste momento.

Muito bem, peço para repetir novamente a leitura, vamos lá.

Leu de novo? Ótimo!

Pode voltar à página anterior e repetir a leitura pela terceira vez. Agora, bem devagar...

E então, notou alguma coisa?

Vamos ver...

Você leu:

Não pare na pista.

Ou leu:

Não pare na... na... pista.

Leu somente um "na" ou conseguiu ler os dois "nas"?

Observe:

Bem amigo, se conseguiu ler os dois "nas" na primeira vez, parabéns. Conseguiu ler na segunda ou terceira vez? Parabéns também.

Mas se não conseguiu, não fique preocupado, isso acontece normalmente com mais de 90% das pessoas que são indagadas em nossas palestras e treinamentos. Ahaah! Mas também se ainda não enxergou o outro "na", observe bem e leia com calma. Muitas pessoas também olham várias vezes e não conseguem enxergar onde está o erro. Teste com seus amigos.

> *"O mundo está cheio de coisas óbvias,*
> *que ninguém, em momento algum,*
> *observa!"*
>
> (ARTHUR CONAN DOYLE)

Nós, mágicos ilusionistas, conhecemos bem esse fenômeno, inclusive o usamos muito para criar nossas ilusões. Esse fenômeno deve-se a uma mania muito comum que nós seres humanos temos de ver os padrões globalmente, sem notar os detalhes. Os mágicos ilusionistas chamam de telegrafia, isolamento de interesse. Os psicólogos chamam isso de Gestalt.

Nosso cérebro trabalha com assimilação de imagens e experiências. Ele as codifica e as guarda em uma pasta. Age como nós quando guardamos nossos arquivos em nossos computadores.

Ocorre que o nosso cérebro, ao observar algo novo, vai buscar em seus dados (arquivos) o que mais se assemelha com o que estamos vendo. E, então, traz uma imagem velha desse arquivo, a que mais se parece com a que estamos vendo. E nos diz: "Aqui está, esta você já conhece!". Ledo engano.

Nesse momento, relaxamos e deixamos de observar os detalhes, pois dizemos para nós mesmos, concordando com o nosso cérebro:

"Ahaah!! Isso eu conheço. Já sei o final..." E apressamos o desfecho de nosso raciocínio chegando a uma conclusão final errada.

É por isso que erramos tanto. E o pior é que, quanto mais velhos vamos ficando, mais arquivos antigos e parecidos com outros arquivos novos temos. Eles ficam guardados em nosso cérebro esperando para nos enganar. Conseqüentemente, mais erros estamos sujeitos a cometer.

O efeito acontece ao contrário também. Nossas imagens antigas se ajustam a erros. Enxergamos coisas certas vendo coisas erradas.

É coisa de maluco, não é? Mas fique tranqüilo você é normal.

O problema é que, quando isso acontece, deixamos passar erros crassos:

- Erramos relatórios.
- Decoramos números errados.
- Chegamos a conclusões erradas.
- Cometemos acidentes no trânsito e acidentes de trabalho.
- Nos acidentamos com máquinas.
- Deixamos de enxergar as pessoas.
- Acusamos pessoas com toda a certeza do mundo... e depois de algum tempo, percebemos que cometemos uma injustiça ou nem mesmo percebemos.

E cometemos muitos outros pequenos e grandes erros que nos fazem perder:

- Oportunidades

- tempo
- dinheiro
- material humano
- um bom ambiente ao nosso redor
- nossa flor interior
- um dedo
- um braço
- a vida

Querem ver como o cérebro se ajusta ao que vemos de errado? Recebi um e-mail com algo curioso. Apesar de todos acharem bonitinho o nosso cérebro se ajustar ao problema e enviar este e-mail como curiosidade apenas. Vou utilizar esse e-mail, que desconheço a fonte, como um alerta para todos tomarem cuidado com os perigos desse ajuste.

Vamos lá. Observe o texto abaixo procurando ler até o fim:

35T3 P3QU3N0 T3XT0 53RV3 4P3N45 P4R4 M05TR4R
C0M0 N0554 C4B3Ç4 C0NS3GU3 F4Z3R
C01545 1MPR35510N4ANT35! R3P4R3 N1550!
N0 C0M3Ç0 35T4V4 M310 C0MPL1C4D0,
M45 N3ST4 L1NH4 SU4 M3NT3 V41 D3C1FR4ND0 0
CÓD1G0
QU453 4UT0M4T1C4M3NT3,
S3M PR3C1S4R P3N54R MU1T0, C3RT0? P0D3 F1C4R B3M
0RGULH050 D1550!
SU4 C4P4C1D4D3 M3R3C3 P4R4BÉN5!

Acredito que, em vez de orgulhoso, você deve ficar preocupado.

PENSE NISSO!

Quando nos concentramos, nosso cérebro se ajusta ao problema e resolve a questão... A questão dele; não a nossa. Eis a questão.

Infelizmente, nem sempre resolve a questão de maneira correta. Como pudemos observar.

Só para descontrairmos um pouco, vou mostrar algumas ilusões.

Observe o encontro das linhas brancas na figura abaixo. Elas provocam uma ilusão: o contraste entre as áreas claras e escuras da grade nos faz ver manchas cinzas que não existem.

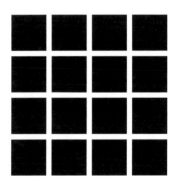

MOCINHA OU VELHINHA?

(Observe: o olho da velhinha é a orelha da mocinha.)

Agora uma ilusão que eu mesmo criei para provar que não são somente os olhos que nos enganam.

As duas fotos abaixo foram tiradas no mesmo lugar. Se algum especialista desse um veredicto, com certeza diria que a foto da torre realmente mostra que ela está entortando.

Diria mais: que a imagem não foi "Photoshopada", ou seja, retocada no Photoshop e em nenhum outro programa de edição de imagem. Na verdade, daria certificado oficializando a foto como verdadeira.

E é.

As duas fotos são verdadeiras.

Como?

Bem, somos ilusionistas e criar ilusões é nossa especialidade. Mas em nosso livro, vou abrir uma exceção, pois não se trata de segredos mágicos.

As duas fotos foram tiradas no interior do complexo Anhanguera (SBT – Sistema Brasileiro de Televisão) em uma de nossas visitas quando fomos acertar nossa participação no TELETON 2007. Na foto, mostramos a vista que temos quando saímos da praça de alimentação para a avenida que dá acesso aos estúdios do SBT. Quanto suspense, não é... He... he... Vamos lá.

Tirei uma foto da torre normalmente, e ela ficou normal. Nossa, essa doeu.

Mas a segunda foto foi tirada por tabela, como diria o Ronaldinho Gaúcho. Por tabela, por que ela foi tirada através do reflexo emitido do vidro de nossa VAN, que mostrava o reflexo da torre. Observei que pelo reflexo no vidro da Van a torre ficava torta, então enquadrei bem e tirei uma foto eliminando as bordas. Obtive então, quase sem querer, uma foto original de uma torre torta.

Podemos perceber a maracutaia somente se colocarmos uma foto ao lado da outra como mostramos a seguir, porque uma está mostrando a torre na direita e a outra na esquerda. Mostrando claramente a inversão provocada pelo reflexo.

Mas basta mostrar apenas uma, a da torre torta, que todos acreditarão ver a nova torre de PISA.

Necessidade de se Aprender a Enxergar Além do Que os Olhos... 73

Nossos olhos são abençoadamente maravilhosos, mas... Sempre fazem parceria com nosso cérebro para nos enganar.

Algumas vezes, o cérebro tem dificuldades de interpretar o que os olhos vêem.

Agora que você já sabe dessa parceria que nos atrapalha, podemos voltar ao assunto principal deste capítulo:

ENXERGAR ALÉM DO QUE OS OLHOS PODEM VER.

Normalmente, muitas coisas acontecem bem na nossa frente, diante de nosso nariz, o tempo todo, e não conseguimos ver.

Duas são principais:

Uma delas são os **problemas**.

É quase impossível, difícil mesmo, conseguir enxergá-los. É por essa razão que nos divertimos vendo tantas vídeo-cassetadas. Além de outros problemas de todos os tipos que presenciamos no dia-a-dia.

A outra são as **oportunidades.**

Essas são ainda muito mais difíceis de enxergar. Elas sempre acontecem bem na frente da nossa cara, passam dançando na nossa frente e não vemos. E o pior, ainda falamos:

— Como pude deixar isso acontecer.

— Como fui incapaz de prever isso! Tava na cara.

— Puxa! Não podia ter perdido esta oportunidade... Infelizmente, percebi tarde.

E ainda tem aqueles que vêem, mas não querem enxergar. Estes são muito piores, além de não enxergarem bem, quando enxergam, fazem de conta que não vêem.

"Francamente!"

(Silvio Santos)

Precisamos aprender a enxergar além do que os olhos podem ver para conseguirmos enxergar a maioria das oportunidades e dos problemas que estão bem na nossa frente, o tempo todo, e não enxergamos: nosso chefe, nossa família, nossos amigos muitas vezes nos avisam, nos alertam sobre algo que está acontecendo, mas fazemos de conta que não vemos, **negamos o problema e vamos em frente.** Passamos por cima de detalhes muito importantes, detalhes que podem afetar o ambiente em que convivemos e as pessoas de quem mais gostamos e que também gostam de nós.

Não enxergamos... E o pior, o fato de não enxergarmos nos faz também deixar de escutar. E assim, seguimos em frente.

ÉÉÉÉÉ lógico que vamos nos "estrombicar".

Outro problema em que também incorremos é o fato de não enxergarmos o talento dos outros. Nem talentos distantes, nem os que estão muito próximos de nós.

Precisamos ter a humildade de aprender, aprender e reaprender a enxergar e valorizar o talento dos outros. Raramente fazemos isso, constantemente nos vangloriamos de nossos próprios talentos. Talentos que muitas vezes não possuímos e que são enxergados somente pelos famosos papagaios de piratas, chaleiristas; além de outros míopes que conhecemos bem, ou não conhecemos?

Com a culpa, funciona da mesma maneira. Sempre a enxergamos nos outros, mas nunca em nós mesmos.

Precisamos deixar de colocar a culpa nos outros, devemos enxergar e reconhecer nossos próprios erros com humildade para darmos um passinho para frente

EXISTE UMA RECEITA PARA APRENDER A ENXERGAR ALÉM DO QUE OS OLHOS PODEM VER DE VERDADE.

Receita para enxergar além, além do que os olhos podem ver...

Talentos, problemas, pessoas, tendências, oportunidades e muito mais.

Primeiro é preciso ter consciência de que será preciso deixar de lado alguns paradigmas e tomar algumas atitudes positivas.

Entenda...
O próprio título já nos ensina:
Enxergar além do que os olhos podem ver.

Se olhos não conseguem enxergam além, então eles não serão necessários. Para enxergar além, não precisaremos utilizar nossos olhos.

Na verdade, onde precisamos enxergar, eles não podem nos acompanhar. Eles são ferramentas primárias, apenas um dos nossos famosos sextos sentidos... Na verdade, temos inúmeros sentidos, mas isso é um assunto para outro livro.

Para enxergar além do que os olhos podem ver, devemos aprender a enxergar com o coração. Com o sentimento aberto; com nossa alma; com todos os nossos sentidos... São milhares!!!

Devemos jogar fora a água da ignorância, da arrogância, do ódio, da impetuosidade, da empáfia, do egoísmo, da lentidão, da acusação.

Em seguida, buscaremos a fonte de águas cristalinas da responsabilidade, do respeito, da humildade, da divisão, do conhecimento, da sabedoria, da cumplicidade, da paixão, da vontade, do amor e do coração aberto.

Precisamos aprender a enxergar oportunidades em tudo; talento, em todos. Aprimorar e habituar nosso cérebro, lhe enviando os seguintes comandos:

Oportunidade, oportunidade, oportunidade...
Talento, talento, talento...

Assim, vamos encontrar com certeza as oportunidades e os talentos que estão sempre passando na nossa frente. Quanto aos problemas, precisaremos também estar preparados para detectá-los. Mas desta vez **NÃO VAMOS PENSAR:** problemas, problemas, problemas... Esquece. Devemos nos habituar a ter sempre o seguinte pensamento para que nosso cérebro e nossas atitudes se alinhem. É um pensamento simples utilizando a seguinte palavra:

Solução, solução, solução.

Somente pensando assim nos anteciparemos sempre aos nossos problemas, antecipando as soluções. Esta é a saída. Faça isto:

Pense em soluções antes de pensar em problemas. Aja dessa maneira, pense dessa forma e observe que vão acontecer alguns milagres ao seu redor que antes não aconteciam. Você vai se surpreender.

Quando conseguirmos pensar e enxergar isso tudo de verdade, estabeleceremos o fator compromisso, **compromisso com o comprometimento.**

CAPÍTULO 6

COMPROMISSO COM O COMPROMETIMENTO

"A grandeza não consiste em receber honras, mas em merecê-las."

(ARISTÓTELES)

Compromisso com o Comprometimento 79

P ara iniciar este capítulo, vou utilizar uma história cuja fonte desconheço. Alguns anos atrás, a recebi de um amigo pela internet, adorei e então passei a utilizar sempre que tenho uma boa oportunidade. E esta é uma boa oportunidade. Oportunidade... oportunidade... oportunidade. Entendeu?

A história da RATOEIRA.

"Um rato, olhando pelo buraco na parede, vê o fazendeiro e sua esposa abrindo um pacote. Pensou logo no tipo de comida que poderia haver ali. Ao descobrir que era uma ratoeira, ficou aterrorizado. Correu ao pátio da fazenda advertindo todos os animais: "Há uma ratoeira na casa... Há uma ratoeira na casa".

Pediu socorro à galinha. Ela respondeu:

— Desculpe-me, Sr. Rato, eu entendo que isso seja um grande problema **para o senhor**, mas não me prejudica em nada, não me incomoda.

O rato ficou impressionado com a falta de interesse da galinha e seguiu gritando:

— Há uma ratoeira na casa... Há uma ratoeira na casa...

Pediu socorro ao porco. Ele respondeu:

— Desculpe-me, Sr. Rato, mas não há nada que eu possa fazer, a não ser rezar. Fique tranqüilo que o senhor será lembrado nas minhas preces.

O rato não se deu por vencido e continuou a gritar:

— Há uma ratoeira na casa... Há uma ratoeira na casa...

Finalmente pediu socorro à vaca. Ela respondeu:

— O que, Sr. Rato? Uma ratoeira? Por acaso estou em perigo? Acho que não!

Então o rato voltou para a casa, cabisbaixo e abatido, para encarar a ratoeira do fazendeiro.

Naquela noite, ouviu-se um barulho, como o de uma ratoeira pegando sua vítima. A mulher do fazendeiro correu para ver o que havia pego. No escuro, ela não viu que a ratoeira havia pego a cauda de uma cobra venenosa.

E a cobra picou a mulher...

O fazendeiro a levou imediatamente ao hospital. **Ela voltou com febre**. Todo mundo sabe que para alimentar alguém com febre, nada melhor que uma canja de galinha. O fazendeiro pegou seu cutelo e foi providenciar o ingrediente principal, a galinha.

Como a doença da mulher continuava, os amigos e vizinhos vieram visitá-la. Para alimentá-los o fazendeiro matou o porco.

A mulher não melhorou e acabou morrendo. Muita gente veio para o funeral. O fazendeiro então sacrificou a vaca, para alimentar todo aquele povo.

Na próxima vez que você ouvir dizer que alguém está diante de um problema e acreditar que o problema não lhe diz respeito, lembre-se: quando há uma ratoeira na casa, toda a fazenda corre risco.

"Não devemos permitir que alguém saia de nossa presença sem se sentir melhor e mais feliz."

(MADRE TERESA DE CALCUTÁ)

É impressionante observar o comportamento, em nosso dia-a-dia, de pessoas aparentemente normais que, diante de uma situação de amparo, de acalento, de decisão, simplesmente dissimulam, disfarçam e saem de fininho quando...

- Alguém lhes pede ajuda...
- Precisam decidir algo importante...

- É necessário seu comprometimento...
- É necessário exercer sua ética...
- Está diante de alguém depressivo...
- Está diante de alguém fragilizado...
- É necessário assumir uma culpa...
- É necessário falar a verdade...
- É necessário ser fiel a princípios...
- É necessário ser necessário.

É impressionante como o ser humano pode agir diante dessas situações. Para o bem de nossa sustentabilidade, é importante refletir e agir positivamente e rapidamente nessas ocasiões. Poderemos nos arrepender amargamente depois de algum tempo. Arrependermo-nos de nossa omissão e inércia diante de um apelo ou de uma situação que pode ocorrer em qualquer lugar, em qualquer ocasião. No trabalho, na convivência familiar e no seio de nossa sociedade.

Amigo, por favor, prometa para si mesmo que jamais vai recuar diante de alguém que vem lhe apresentar um pedido de ajuda, de alguém que lhe pede auxílio material ou espiritual, diante de alguém que precisa de calor humano, diante de alguém que precisa desabafar, diante de alguém que se julga ninguém. Um filho arrependido, um amigo desesperado, um pai em depressão, um patrão aflito, um colaborador desorientado, um desconhecido, um estranho, qualquer ser humano...

> *"Senhor, fazei que eu procure mais*
> *consolar do que ser consolado,*
> *compreender do que ser compreendido,*
> *amar do que ser amado. Pois é dando*
> *que se recebe, é perdoando que se é*
> *perdoado, e é morrendo que se vive para*
> *a vida eterna."*
>
> (São Francisco de Assis)

Hoje estamos creditando responsabilidade demais para os outros.

Vou explicar:

Acreditamos e ficamos aguardando que as soluções para todos os problemas virão de decisões e atitudes de "outras pessoas". O problema é que essas "outras pessoas" também estão pensando da mesma maneira.

Precisamos entender bem esse nosso engano:

Os problemas para os quais hoje viramos o rosto e fingimos desconhecer, aqueles que insistimos em acreditar que não são nossos, na verdade são mais nossos do que imaginamos.

Nos iludimos pensando que eles estão bem longe de nós. Na verdade, eles estão mais perto do que imaginamos. E pode ter certeza, a maioria deles vai nos atingir, mais cedo ou mais tarde.

84   Minha Equipe É um Show!

Vejamos uma matéria publicada na Revista VEJA – edição 2087 – ano 41 – nº 46, de 19 de novembro de 2008, página 46.

Diga ao povo que fui.

"Neste ano, o prefeito de Salvador mudou a legislação local para permitir empreendimentos imobiliários nas matas próximas às praias da cidade. A medida voltou-se contra ele próprio. Sua casa, no elegante condomínio de Alphaville, foi tomada por mosquitos, escorpiões e até por barbeiros, insetos transmissores da doença de chagas. O problema é tamanho que a mulher do prefeito decidiu que o casal se mudará.

Segundo ambientalistas, a infestação foi provocada pelo desmatamento aprovado pelo prefeito."

Estou transcrevendo, neste momento, um trecho da revista VEJA, demonstrando claramente uma situação de problema que pode bater na porta mais rápido do que imaginamos.

Este é apenas um deles... Temos exemplos aos milhares nos jornais, na TV. Filhos que entram em um submundo de drogas por falta de atenção e perda de referência; suicídios pela falta de inclusão, compreensão e depressão aguda; crimes cada vez mais hediondos provocados pela falta de referência e de atitudes positivas; desabamentos e soterramentos provocados pelo desmatamento; aumento de tempestades e furacões proporcionados pelo aquecimento global; mudanças de *habitats* de insetos, roedores, aves nos trazendo pragas novas e revivendo outras que já haviam sido controladas... E muito mais.

É por isso que devemos enxergar além do que os olhos podem ver e aprender a nos comprometer com quem está a nossa volta. A soma de talentos de uma equipe (familiar, corporativa e social) é o diferencial que vence obstáculos.

Lembre-se: O problema de um é problema de todos quando convivemos em equipe.

Este capítulo foi iniciado com uma história. Então, vou utilizar mais uma história para encerrá-lo. Uma história que ilustra muito bem o que a falta de comprometimento é capaz de fazer.

Como na primeira, também desconheço o autor desta história.

OS PLANTADORES DE SEMENTES...

Em uma fazenda, havia três personagens de suma importância para que o plantio fosse efetuado dentro do prazo para o aproveitamento das chuvas que estavam por vir.

Os personagens eram: O Tião, o Zeca e o Antonio Augusto.

Eles trabalhavam em perfeita sintonia. O Tião abria os buracos, o Zeca colocava as sementes dentro dos buracos e o Antonio Augusto fechava os buracos. E assim, seguia dia após dia.

Mas em um determinado momento, momento que era decisivo, pois estava quase chegando a hora de cair água, o proprietário da fazenda observou algo diferente acontecendo na plantação. Ele viu que o serviço tinha chegado ao fim e percebeu que Tião e Antonio Augusto já estavam parados proseando. Chegou e foi logo dizendo:

— Parabéns, já acabaram tudo. Que beleza! Vamos aproveitar bem as chuvas que já estão chegando.

— Acabamos, sim, patrão. Deu uma trabalheira tremenda, eu hoje abri buracos em mais de dois alqueires — disse o Tião.

— Eu trabalhei muito também, fechei buracos em mais de dois alqueires — disse Antonio Augusto.

Quando o fazendeiro ouviu aquilo, sentiu um frio percorrer sua espinha de cima em baixo. Percebendo a falta de Zeca, perguntou:

— Cadê o Zeca?

— Ele faltou hoje — disse Antonio Augusto.

— Faltou? E quem plantou as sementes? — perguntou desesperado o fazendeiro.

Silêncio geral. O fazendeiro pergunta de novo, já adiantando o problema.

— Mas ninguém colocou as sementes nos buracos?

— Fizemos a nossa parte... Eu abri as valas — disse Tião.

— E eu fechei. Quem deveria colocar as sementes faltou hoje — disse Antonio Augusto.

O fazendeiro caiu desacordado no chão após um ataque de desespero.

E a chuva começou a cair...

(ilustração de Policena)

Infelizmente, é assim que muitas vezes fazemos a nossa parte.

O problema é que, constantemente, esquecemos que trabalhamos em equipe, sempre trabalhamos em equipe.

E quando um dos integrantes não consegue fazer a sua parte, todos estão comprometidos. A empresa com suas metas. A família com seus propósitos. A sociedade com os direitos dos seus cidadãos.

> "A cidadania não é atitude passiva, mas ação permanente em favor da comunidade."
>
> (TANCREDO NEVES)

Precisamos aprender que o problema de um é problema de todos quando convivemos em equipe.

CAPÍTULO 7

DESCULPA X RESPONSABILIDADE (HÁBITOS POSITIVOS E NEGATIVOS)

"O mundo é um lugar perigoso de se viver, não por causa daqueles que fazem o mal, mas sim por causa daqueles que observam e deixam o mal acontecer."

(ALBERT EINSTEIN)

Pare de se desculpar.
Assuma a sua responsabilidade.

Hoje estamos nos viciando em desculpas, transferimos nossos erros e nossas responsabilidades para os outros.

Já observaram que, quando erramos, imediatamente procuramos uma desculpa, algo ou alguém para colocar a culpa, para justificar nosso erro? **Muitas vezes à custa de envolver outras pessoas que não têm nada com o problema.**

É mínimo o número de pessoas que analisam corretamente os porquês de seus erros. E destes poucos, ainda é bem menor o número dos que chegam à conclusão que erraram por sua própria culpa.

Erramos e, imediatamente, procuramos uma desculpa que justifique o nosso erro.

As desculpas estão em todo lugar... Crescem dia a dia, ficam cada vez piores. Querem ver alguns exemplos?

Eu, por exemplo: Sabem por que nestes últimos anos engordei bastante, sabem de quem é a culpa?

— Da Rosi. Hééééé, engordei assim porque a Rosi cozinha bem...

É ou não é uma bela desculpa?

Mas cadê a minha responsabilidade?

Inventamos belas desculpas para tudo, não é? Observe algumas:

"O desabamento foi ocasionado pela instabilidade do solo e pelas chuvas."

"Matei por amor, porque meus pais não permitiam o namoro."

"Bebo demais porque meu pai foi alcoólatra, era uma péssima influência..."

— Mentiiiraaaaaaaa.

Outro dia, na mesa ao meu lado no restaurante, fui obrigado a ouvir isso:

— Sou delicado assim, quase uma bonequinha, porque fui criado com minhas tias, e elas me tratavam como se eu fosse uma menininha, então acabei assim. Que posso fazer?

Você acredita realmente nisso? Eu não acredito. É mentira das grandes.

Quero deixar bem claro que não tenho nada contra homossexuais, tenho, sim, contra homossexuais que colocam a culpa de seus atos nas tias. Aliás, tenho contra qualquer um que coloca a culpa de suas decisões, erradas ou não (não me cabe julgar), **nas pobres tias.**

PÁRA COM ISSO!

Nós somos o que fazemos repetidamente, a excelência não é um feito, e sim, um hábito.

(ARISTÓTELES)

Desculpa x Responsabilidade (Hábitos positivos e negativos)

Infelizmente, a cada dia que passa, o hábito de nos "desculparmos" está aumentando. Nossas "desculpas" ficam cada vez piores.

Vou mostrar um pequeno exemplo de muitos que acontecem. Se observarmos e analisarmos, eles estão em todos os lugares:

Na Revista *Quem Acontece*, da Editora Globo de 18 de julho de 2008, uma modelo famosa afirma:

"Recuperar a boa forma foi um jeito de tentar salvar meu casamento".

Bem, ela conseguiu recuperar a boa forma. Ficou muito bem por sinal. Voltou às passarelas e recuperou a projeção na mídia. Mídia que não parou de falar de sua boa forma. Tudo seria maravilhoso não?

É... Seria...

Se tivesse recuperado o casamento, como era seu desejo. Ela recuperou a boa forma, mas infelizmente não conseguiu recuperar o seu casamento.

Observem, por favor, que não estou julgando ninguém (quem sou eu para julgar qualquer um?). Na verdade, estou fazendo uma análise baseada na matéria e na capa da revista, que é pertinente ao assunto que estamos desenvolvendo, ou seja:

Nossas falsas desculpas cotidianas errôneas e a nossa perda de referências.

A modelo imaginou que era necessário recuperar a boa forma, "malhar", voltar a ser desejada para salvar o casamento. Fantástico! Todos devemos melhorar e cuidar de nossa forma física, sem esquecer, é claro, de nossa forma mental e espiritual.

Mas a verdade é que isso não salvou nem jamais salvaria o seu casamento, nem o casamento de ninguém.

Acreditem, é necessário muito mais do que isso para salvar um casamento.

Lembra-se do nosso amigo destruidor de equipes que se transformou por fora primeiramente?

Nossa transformação exterior, superficial, nunca salvará o nosso casamento, a nossa carreira, o nosso emprego. A verdade é que precisamos nos transformar interiormente, como já falamos neste livro.

Devemos entender de verdade o que está acontecendo, exercitar a auto-crítica para podermos nos transformar internamente e positivamente, para então nos salvar.

Salvar nosso casamento, nossa relação, nossa amizade, nosso emprego. Precisamos deixar de lado as desculpas e entender de verdade o que é necessário mudar. Uma boa e franca conversa, em que nos fazemos ouvir e ouvimos com respeito, pode nos ajudar muito a recuperar tudo isso e muito mais, além de nos salvar.

Mas para isso, devemos primeiro ter humildade, ser menos egoístas e esquecer das falsas desculpas que criamos para justificar nossos erros.

Infelizmente, estamos nos desculpando muito porque estamos perdendo nossas referências, estamos ficando sem células espelhos.

Vou contar uma história que ouvi de um psicanalista enquanto estava assistindo à sua palestra. Ele contou o caso de uma de suas pacientes, omitindo, logicamente, os nomes dos envolvidos.

O psicanalista realiza o tratamento de uma menina de seis anos que não falava mais com ninguém. Ela foi seqüestrada e, quando foi resgatada, retornou do cativeiro traumatizada e simplesmente deixou de falar.

Após dois anos de tratamento, ele conseguiu que a menina conversasse novamente.

Um detalhe impressionante me deixou angustiado. A menina voltou a falar, mas apenas com o psicanalista. Não fala mais com ninguém, nem com a família, nem com amigos, com ninguém.

O problema...

O médico usa um celular dia e noite. Esse celular é utilizado para a sua comunicação com a menina e vice-versa: ele é o porta voz da menina para a família, para os amigos, para a professora, para outros médicos etc.

Quando precisa falar com alguém, a menina liga para o psicanalista, fala com ele e diz o que quer. Então, passa o telefone para a pessoa com quem está mantendo um diálogo (por tabela) e o psicanalista repete para esta pessoa o que acabou de ouvir. A pessoa responde, ato contínuo, devolve o celular para a menina, que finalmente escuta o psicanalista dizer o que ela acabou de ouvir enquanto a pessoa falava no celular com o psicanalista.

Isso acontece em todo momento. Na escola, em casa, com os coleguinhas...

Imaginem...

Imaginem a mãe desta menina ligando para o psicanalista...

É impressionante, não é mesmo?

Quer saber o que aconteceu com a menina no cativeiro? Por que ela deixou de falar com as pessoas?

Aconteceu o seguinte:

No cativeiro, os bandidos discutiram e a menina acabou ouvindo a discussão. Ela reconheceu uma das vozes. Era a voz de seu irmão.

Nascidos em uma família riquíssima, seu irmão iniciou o uso de drogas compartilhando com amigos vizinhos de seu condomínio de luxo. Logo em seguida, passou a comercializar com seus amigos de condomínio. Como eram amigos, abriu crédito incondicional, mas se atrapalhou nos recebimentos e nos pagamentos aos traficantes.

Combinou com eles o seqüestro da irmã para saldar as dívidas. Os traficantes seqüestraram a menina facilmente, pois tudo foi informado pelo irmão. Mas quando pediram o resgate, o valor foi muito maior do que o combinado e o irmão foi até o cativeiro discutir com os seqüestradores. Nesse momento, a menina reconheceu a voz do irmão, perdendo a sua referência familiar e, por conseqüência, suas referências com o restante do mundo.

Infelizmente, ela perdeu sua referência de tudo o que tinha de mais seguro e precioso. Naquele momento, a equipe familiar foi destruída. A menina perdeu a confiança nessa equipe e, como conseqüência, em todas as demais equipes. Finalmente, deixou de falar.

Após dois longos anos, essa confiança foi resgatada pelo psicanalista, mas ainda não foi transferida para outras pessoas. Essa é uma nova etapa de seu trabalho: fazer a menina readquirir a confiança e voltar a ter referência familiar, social e, futuramente, se conseguir, corporativa.

PRECISAMOS ASSUMIR NOSSAS RESPONSABILIDADES

Geeeente, é preciso assumir nossos erros. Devemos esquecer as falsas desculpas e fazer tudo para amenizar os problemas causados por nossos próprios atos. Devemos agir rapidamente para contornar o problema da melhor maneira possível, nos empenhando ao máximo para que o problema que geramos desapareça rapidamente e não prejudique ninguém.

Não precisamos ter medo de assumir nossa culpa. Nós devemos assumi-la com a responsabilidade de sanar o problema, isso faz parte da formação de nosso caráter.

Assumindo nossos atos, sejam eles certos ou errados, seremos pessoas merecedoras de crédito e confiança. E isso, meus amigos, é o que nossas equipes (as três, lembra-se?) e nossas relações mais precisam: e falo de todas as relações também. Da relação social, da relação familiar e da relação corporativa.

Entenderam? Como não?

Você é uma pessoa maravilhosa, privilegiada, possui disposição, tem vontade, tem força interior, caráter, ética, valores, perspectivas. Busca a qualificaçao, a evoluçao.

Tenho certeza disso.

Se você chegou até aqui, nesta parte do livro, é uma pessoa merecedora de crédito e de confiança. Você, meu amigo, é referência. Acredite. Gera referência para seus amigos por meio de seu comportamento, de suas atitudes. Então, lhe peço um grande favor: Jamais deixe de ser referência, jamais faça com que as pessoas percam a referência através de você. Assim, terá sustentabilidade. Sustentabilidade moral, espiritual e material.

Seja referência. É necessário ser referência, entendeu? Pare de se desculpar. Seja comprometido com a responsabilidade, com o respeito, com a confiança e seja feliz! Feliz, meu amigo...

E felicidade existe.

Existe, sim.

As desculpas enganam e envenenam o nosso coração.

Como está o seu coração?

Como está cuidando dele, hein?

Lembre-se de que 75% do seu coração é composto de água.

Não podemos viver angustiados, com nosso coração amarrado. Para vivermos melhor, precisamos abrir nosso coração com as pessoas que estão à nossa volta, com nossos amigos, com as pessoas que trabalhamos e convivemos, com as pessoas que ainda não conhecemos.

Você deve aprender a soltar seu coração.

Sabe o que prende seu coração? Você mesmo.

Imagine a linha de sua vida... Desde seu nascimento até onde você está hoje.

Quanta coisa aprendeu?

Quanto sentimento guardou?

Quanta emoção deixou de sentir?

Vamos crescendo à medida que aprendemos coisas novas. O problema é que, muitas vezes, o nosso aprendizado nos engessa.

São palavras que não podemos falar.

São atitudes que não podemos tomar.

São perspectivas que não podemos ter.

Quanto mais os anos passam, mais fechados vamos ficando. Menos expansivos podemos ser.

São compromissos que nos comprometem, nos afogam e nos abafam...

Escola, faculdade, diploma, trabalho, resultados, amizade, namoro, casamento, resultados, ganhar, despesas, família, empresa, resultados, lazer... Esquece o lazer, trabalho, médico, saúde, resultados, resultados e mais resultados.

Sem perceber, vamos ficando prisioneiros de nós mesmos. Palavras nos aprisionam, sentimentos nos aprisionam, atitudes negativas nos aprisionam. Acha que não? Então, observe os comentários a seguir:

— Filho, se você se casar, vai deixar sua mãe muito solitária.

— Você recebeu uma proposta para trabalhar na China? Olha, é uma cultura muito diferente. E lá você vai estar sozinho, pense nisso

— Não vou sair de casa hoje, está muito sol.

— Amo tanto aquela moça, mas não consigo lhe falar dos meus sentimentos.

— Eu odeio homens. Depois do Alexandre, aprendi que ficar sozinha é a melhor opção. E, olha, ficar sozinha com toda essa "liberdade" é muito bom.

E assim, segue a carruagem...

"Nunca ande pelo caminho traçado,
pois ele conduz somente até onde
os outros foram."

(Alexander Graham Bell)

Sem perceber, vamos amarrando nosso coração, até chegar o momento em que não conseguimos mais sair do lugar. Em seguida, vem a angústia, a depressão e a culpa. Nosso coração precisa aprender a se soltar.

Sabe quem pode soltar o seu coração? Você mesmo, meu amigo!

Em nosso dia-a-dia, realizando palestras, fazendo consultorias e orientando pessoas, famílias, colaboradores e empresários, analisamos e entendemos que o que realmente prende o coração é um sentimento que precisaremos aprender a superar.

Este sentimento é o medo.

Medo de amar, de abrir o coração e se machucar, de dividir seu espaço e perdê-lo, de dar mais um passo e cair, de se transformar.

As pessoas não percebem que a dor que pensam evitar não existiria ou seria muito menor que a intensa e poderosa dor que sentem todos os dias. Mas, infelizmente, com ela se acostumaram e aceitam essa situação dolorosa.

O medo de ter uma dor maior as impede de perceber as boas pessoas que se aproximam, que dividiriam a vida com elas, que dariam a vida por elas.

E então as agridem, as afugentam.

Convivem com a solidão. Lindas por fora e horrendas por dentro. Complicadas, não aprenderam amar.

O amor protege, cria energia positiva em nossa volta, atraindo pessoas maravilhosas que nos amarão sem pedir nada em troca. Amarão porque são amadas por nós.

O amor revigora, dá força, renova, nos transforma em pessoas fortes e corajosas. Amar e ser amado eleva nossa auto-estima. E com ela enfrentamos os nossos medos e soltamos o nosso coração.

Sabe qual é o maior medo que prende o nosso coração?

São três:

Medo de perdoar.
Medo de pedir perdão.
Medo de perdoar a si mesmo.

Pedir perdão e perdoar é muito fácil.

Perdoar e pedir perdão é verdadeiramente a questão.

Enquanto não conseguir perdoar e pedir perdão verdadeiramente, do fundo de seu coração, não conseguirá soltar seu coração.

Precisará ser ágil para perdoar e para pedir perdão. Não permita que o tempo o distancie dessas atitudes. Vamos, meu amigo, siga em frente! O tempo urge!

Precisamos exercitar o ato de perdoar, o ato de pedir perdão e o ato de perdoar a si mesmo.

Vamos lá... Amigo, retire esse peso de seu coração, peso que o machuca e causa medos sem fundamentos, medos que prendem seus relacionamentos, prendem sua vida, prendem sua alma, prendem seu coração.

Hoje você vencerá esse medo...

Não precisa ter medo de pedir ou conceder perdão...

Falando sério... Se tiver alguém para perdoar ou alguém para pedir perdão, não perca tempo. Aja imediatamente. Um pai, um irmão, um amigo, fale logo com ele... Fale agora... Ligue para ele, vá até a casa dele.

Deixe este livro de lado, depois você terá tempo para acabar de ler, agora precisa perdoar, aja imediatamente.

Arranque de seu coração suas mágoas e todos os sentimentos que geram águas impuras em seu interior, águas impuras que matarão sua flor interior, que matarão seus relacionamentos, que matarão seu amor, que o matarão.

Aja imediatamente... Não é difícil, basta ligar e dizer:

— Filho, esqueça o que eu disse sobre nunca mais entrar nesta casa... Me perdoe, filho, venha até aqui, estou com saudades, venha me dar um abraço, eu te perdôo.

— Amigo, sinto sua falta. Onde quer que esteja, me perdoe, saiba que eu sinto muito por minha atitude naquela ocasião. Perdoe-me, amigo, onde estiver. (É claro, até perdões guardados há muito tempo, tempo demais, devem ser arrancados de dentro de nossos corações.)

Lembre-se: as pessoas não são eternas.

É necessário também perdoar a si mesmo. Principalmente a si mesmo.

Conhecemos, em nosso dia-a-dia, pessoas que conseguem pedir perdão e perdoar os outros, mas jamais conseguem fazer isso consigo mesmas. Ficam se torturando, se machucam e não conseguem se perdoar.

Lembre-se: as pessoas não são eternas.

Até quando vai ficar se torturando e amarrando seu coração? Se você, amigo, é uma destas pessoas, acredite. Você é capaz de se perdoar. Faça isso agora. Essa atitude libertará o seu coração.

Vá em frente...

Grite, cante, pule, nade, costure, estude, dance, saia, busque, viaje, namore, beije, sorria, cozinhe, aprenda coisas novas, chore de felicidade, arrisque, se case, fale para o mundo: — Estou aqui.

Liberte seu coração e seja feliz!

Uma receita maravilhosa para vencer o medo e soltar o seu coração é aumentar a sua auto-estima.

Auto-estima é fundamental em nossas vidas, ela nos fortalece e aumenta nossa coragem.

Mas o que é auto-estima?

A auto-estima é o conceito que cada indivíduo tem do seu próprio valor. Se reconhecer o seu valor, a pessoa poderá realizar sua trajetória enfrentando sem esmorecer as dificuldades, as frustrações e os desafios que a vida lhe coloca.

Elevando sua auto-estima

Para elevar sua auto-estima, é preciso ser amado e também é preciso sentir verdadeiramente esse amor. Amor que deve vir especialmente através daqueles que você ama e que cuidam de você. Suas três equipes, lembra-se?

É preciso ter e sentir um amor incondicional.

É preciso sentir que ocupa um lugar único no mundo.

É preciso acreditar, acreditar verdadeiramente em si mesmo.

Mantendo sua auto-estima elevada, você pode controlar e equilibrar seu comportamento, valorizar críticas, tolerar frustrações e mais: poderá reconhecer suas fraquezas e aprender a superá-las, pois com a sua auto-estima elevada, não terá dificuldades em aprender coisas novas e, aprendendo sempre coisas novas, terá um prazer imenso em viver.

Elevando sua auto-estima, você poderá renascer das cinzas, como uma Fênix.

Descobrirá coisas novas, prazeres novos...

Assim, ficará fácil abrir o coração para amar e ser amado. O que aumentará sua auto-estima libertando ainda mais seu coração, que aumentará ainda mais sua auto-estima, que libertará ainda mais seu coração e assim por diante... Entendeu?

Quando seu coração estiver solto, você começará a identificar o coração dos outros.

DA FELICIDADE...

Quantas vezes a gente, em busca da ventura, procede tal e qual o avozinho infeliz: em vão, por toda parte, os óculos procura tendo-os na ponta do nariz!

(MÁRIO QUINTANA)

IDENTIFICANDO CORAÇÕES... A SATISFAÇÃO, A DIVISÃO... A FLOR E O JARDIM

"É ilógico esperar sorrisos dos outros se nós mesmos não sorrimos."

(DALAI LAMA)

Meu mestre sempre me deu inúmeros ensinamentos. Ensinamentos estes que me servirão para o resto de minha vida.

Estávamos sentados diante de um maravilhoso jardim, conversando sobre mágica e comportamento humano quando ele me perguntou:

— Meu filho, sabe qual é o segredo das pessoas que são carismáticas, queridas, amadas, que sabem como ninguém conviver em equipe, manter relacionamentos maravilhosos e que conseguem conviver magistralmente em comunidade?

— Não tenho idéia — respondi.

— Esses indivíduos são pessoas que sabem identificar corações...

São pessoas amadas, meu filho.

Elas sabem amar o próximo, aprenderam a cultivar muito bem qualidades que tocam os corações dos outros. Elas conseguiram dividir o seu coração com os outros.

Se quiser ser amado como elas, precisa aprender a dividir seu coração, seu calor, seu amor...

Amar é uma decisão, meu filho.

E, simplesmente, para ser amado é preciso amar.

Mas o amor é apenas a primeira de muitas qualidades que você precisa aprender a desenvolver. Você deve se habituar a dividir o seu coração.

Para amar e ser amado, é preciso ter consciência da necessidade de exercer a paciência, a bondade, a humildade, o respeito, o perdão, a honestidade, o compromisso e a generosidade... Hááá... A generosidade é uma das principais características necessárias quando aprendemos a dividir nossos corações...

E continuou falando:

Você pode começar o exercício do amor pela generosidade, deve aprender a dividir verdadeiramente o seu coração. Dividir sem se preocupar com o que vai receber, não espere nada em troca. Apenas divida.

Vai perceber que, quanto mais sincera for essa divisão, mais seu carisma aumentará, e aumentará também sua segurança, sua auto-estima.

Dividindo seu coração, você estará incluído e se integrará ao lado de pessoas que compartilham com você os mesmos corações, os mesmos sentimentos, as mesmas emoções...

Será, então, amado por elas.

Seu respeito aumenta quando você divide sem almejar nada em troca, assim você obterá confiança...

Dividindo seu coração com bondade, será uma pessoa que transmite honestidade, uma pessoa comprometida... Será amado, pois será referência. Observe, filho, que essa prática fará o poder de seu coração aumentar, crescer, apesar de estar sendo dividido.

Não tenha medo de dividir, quanto mais dividir, mais aumentará o número de pessoas que o amam, o amor é contagioso e será por isso que mais e mais pessoas estarão com você em seu dia-a-dia. Ampliará seu ciclo de amigos e admiradores que também não lhe pedirão nada em troca, apenas o amarão e o respeitarão, e farão o que tiver de ser feito sem que você peça.

Finalmente, filho, se dividir com amor verdadeiro e puro o seu coração, ele crescerá tanto que não caberá mais no peito; quando isso acontecer, você será uma pessoa realizada, cercada por pessoas que o amam e que contribuirão para a construção de um ambiente maravilhoso ao seu redor. Ambiente que ajudará a florescer de forma magnífica a sua flor interior.

E lembre-se...

As mesmas mãos que dividem o coração cuidam do seu jardim.

Como você está cuidando do seu jardim, meu filho? Agora que aprendemos a soltar e a dividir o nosso coração, precisamos regar com água pura o nosso jardim. Os jardins precisam de atenção e cuidado, não podemos deixar que ervas daninhas acabem com ele. Nossas flores precisam florescer em meio a um jardim de belos espécimes...

Não podemos deixar nossa flor murchar, nossa vida murchar.

Algumas flores murcham antes de florescer; outras não querem florescer; outras murcham diante da primeira dificuldade; algumas crescem, ficam belas, maravilhosas, mas quando olham em volta, observam que não pertencem a nenhum jardim, pois fizeram tudo murchar em sua volta.

Devemos refletir para não deixar isso acontecer.

Quando abrimos o coração, descobrimos que, dentro de nós, existe algo mais além de flores e água pura. Descobrimos uma energia que pode ser despertada, recriada.

Precisamos aprender a despertar essa energia maravilhosa, que vem de nosso coração que precisa amar e servir.

Mais do que precisar, necessitamos despertar essa energia. É a energia mais linda que pode construir um maravilhoso jardim. Não conseguiremos viver sem a companhia desse jardim... Jardim de boas flores e boas energias.

Boas flores e boas energias que nos impulsionam a crescer e a estabelecer a harmonia em nossa volta, em nossos jardins.

Liberando essas energias como feixes de luz, que iluminarão nossos pensamentos que responderão com gestos de humildade e carinho para com nossos colegas, nossos amigos, nossa família, enfim, com todos em nossa volta.

A luz do equilíbrio, da sintonia... é a luz da criação...

A luz que ajuda a semente a germinar... Que participa de nossas dificuldades e ilumina nosso caminho, não nos deixando desistir jamais.

A luz que vem de nosso coração, meu amigo, é a luz que cria o mais belo jardim ao nosso redor.

Precisamos concentrar nossa energia em fazer florescer junto com nossa flor, as flores que estão no nosso jardim.

Já parou para observar um belo jardim?

Ele é maravilhoso porque tem tonalidades diferentes, cheiros diferentes, tamanhos, profundidades e volumes diferentes, e tudo isso reunido faz a beleza do jardim, que é belo pela somatória das suas diferenças, diferenças que constroem a beleza de seu todo.

Da mesma maneira, para termos beleza em nossas equipes, precisamos respeitar as diferenças, diferenças de tonalidades, de opiniões, de tamanhos, de sentimentos, de entendimentos, de carinho e de amor.

Precisamos aprender a enxergar além, com nossa alma, para perceber a beleza e a importância do conjunto das diferenças de nossas equipes.

Precisamos aprender a enxergar a beleza do todo, do conjunto.

E assim como no jardim, ninguém perceberá a flor murcha ou aquela meio fraca, até mesmo aquela que já murchou. Apenas perceberemos a beleza do todo.

É assim em nossa vida, como em nosso jardim, precisamos nos ajudar mutuamente, cuidando das pequenas flores que não querem ou não aceitam desabrochar...

Elas entenderão, um dia, e florescerão mais belas do que imaginam. Elas podem apenas, temporariamente, estar com medo do sol, de se queimar, mas ficando à sombra de uma flor amiga, que as protegerá e as fará entender a importância de sair e olhar o sol frente a frente, e sentir o seu calor acalentador, elas desabrocharão e ficarão maravilhosas.

Elas também podem estar com medo das abelhas, das dores das possíveis ferroadas, mas uma flor amiga mostrará pacientemente que esse medo não tem fundamento. A vida nos dá ferroadas que nos fortalecem e servem de ensinamentos, ensinamentos que nos acordam e nos fazem florescer.

Essa flor amiga também mostrará a importância das abelhas, que na convivência com as flores, as ajudam a se multiplicar. Os "problemas-abelhas" nos fortalecem, nos fecundam e nos fortificam, pois eles nos ajudam a misturar nossos espécimes, nos fortalecendo e nos tornando mais belos. Os "problemas-abelhas" multiplicam a nossa beleza.

E por falar em beleza, como estão os seus jardins?

Seu jardim corporativo, como está?

Esse jardim é o seu jardim, nele você é o jardineiro. Tem a missão de criar o mais belo jardim que puder imaginar. E mais, produzir novas e lindas espécimes que virão a florir o mundo dos negócios, tornando-o mais belo, agradável e sustentável.

Seu jardim de amigos, como está?

Sem amigos, não há jardim.

Seu jardim esposa, como está?

Esse jardim, ultimamente, está um pouco prejudicado, precisamos dar atenção para esse jardim. Ele tem flores delicadas e raras que precisam de seus minuciosos cuidados. Nesse jardim, não se pode cultivar ervas daninhas.

Seu jardim filhos, como está?

Essas pequenas e frágeis flores precisam dos seus cuidados e carinho, pois elas criarão novos jardins à sua imagem e semelhança. Ééééé... Criarão jardins de acordo com suas referências. Esse pequeno jardim precisa de referência, a referência de um bom jardineiro.

Seu jardim família como está?

Esse é um jardim maravilhoso. É o jardim do equilíbrio, do bom ambiente, da confiança. Esse jardim será o lugar em que você recuperará as energias, um lugar onde poderá descansar tranqüilamente, reabastecer suas energias, será o seu refugio, o seu tugúrio. Você precisa cuidar bem dele para que ele cuide bem de você no futuro. Entendeu? Pense nisso!

Seu jardim sociedade, como está?

Esse é o seu jardim principal, merece toda a sua atenção, respeito e cuidado, pois esse jardim é o jardim gerador de sementes. Se ele acabar, as sementes acabarão e, como conseqüência infeliz, todos os outros jardins acabarão.

Nesse jardim, você é o jardineiro, é o adubo, é a abelha, é o sol é a água pura.

Cuide, amigo, desse jardim como nunca cuidou de nada em sua vida, com carinho e respeito, para que ele lhe dê boas sementes. Sementes que você utilizará em seus outros jardins.

> *"Porque Deus amou o mundo de tal*
> *maneira que deu o seu Filho unigênito,*
> *para que todo o que nele crê não pereça,*
> *mas tenha a vida eterna."*
>
> (João 3:16)

Causa e efeito: cuidando do seu jardim, ele conspira a seu favor.

Experimente cuidar do seu jardim, você verá que ele também vai cuidar de você.

Quando conseguir realmente cuidar de todos que estão em sua volta, com carinho, respeito e desprendimento, eles responderão da mesma forma. Você não vai precisar pedir nada, isso acontecerá sem que você perceba. E quando isso acontecer, você fará parte de uma equipe de verdade, não importa se é o líder ou não desta equipe, o que importa é que você terá muita autoridade e também muito respeito dos seus jardins.

Causa e efeito: cuidando do seu jardim ele conspira a seu favor. Isso responde nossa pergunta inicial. Lembra-se dela?

Pergunta inicial, nossa missão:

Como faço para ter ou pertencer a uma equipe show, que me dará sustentabilidade e que seja capaz de dar a vida por mim?

Resposta:

Você terá uma equipe show que dará a vida por você, que lhe dará sustentabilidade, se der a vida por suas equipes sem pedir nada em troca.

> *"Não tentes ser bem-sucedido, tenta antes ser um homem de valor."*
>
> (ALBERT EINSTEIN)

CELEBRAÇÃO... celebrando a equipe show!

"O importante não é o que se dá, mas o amor com que se dá."

(MADRE TERESA DE CALCUTÁ)

Quando estiver com sua equipe show, é importante celebrar, celebrar sempre. Assim, sempre terá os melhores resultados.

Meu mestre me ensinou a sempre celebrar as pequenas e as grandes conquistas. E como ele não perdia a oportunidade de deixar um ensinamento, em nossa última celebração, antes de iniciar minha trajetória, ele me mostrou alguns copos, eram copos encantados. Foi assim que ele os chamou.

Eram vários copos, nenhum deles tinha o mesmo tamanho, um era maior do que o outro. O primeiro era um copo pequenino e o último era um copo enorme.

Meu mestre falou, mostrando os copos:

— Para uma equipe dar um show de verdade, logicamente terá um grande segredo. Um segredo que estará guardado a sete chaves. Mas hoje vou contar para você, antes de você iniciar a sua caminhada.

Observe estes copos encantados, eles representam a nossa trajetória, o caminho de crescimento que almejamos. Apontava para todos, um por um, primeiro o pequeno seguindo até o maior.

E cada um destes copos nos mostra um estágio de conquistas, de transformações interiores e exteriores que nos permitirão crescer em nosso dia-a-dia, perante nossa equipe familiar, nossa equipe corporativa e nossa equipe social.

Cada um destes copos tem uma história, representa diferentes momentos de nossas vidas. Momentos de crescimento.

Se soubermos lidar com eles, encantaremos e influenciaremos as pessoas que nos cercam. Cresceremos rumo ao sucesso e faremos parte de uma equipe que dá um show de verdade.

E pegando o copo maior nas mãos, falou:

— Meu filho, se em sua vida, você conseguir se transformar e crescer a ponto de encher este grande copo, que representa nossa chegada ao topo do sucesso, será uma pessoa fantástica, realizada e feliz.

E isso precisa ser celebrado.

Meu mestre, então, enche este grande copo para celebrarmos a vida! E continua falando:

— Neste ponto, deve prestar muita atenção. Nunca se esqueça dos ensinamentos que recebeu de seus mestres e, principalmente, dos ensinamentos que recebeu de sua vida, a sua vivência.

— Você conseguirá encher com certeza este grande copo em algum momento de sua vida, mas jamais se esqueça de sua trajetória dos caminhos percorridos, das equipes a que você já pertenceu, e as quais pertence, dos amigos que o estimularam, das pessoas que muito o ensinaram.

Meu filho, quando encher este copo, lembre-se do amor, do amor em servir. E sirva, meu filho, sirva com um pouco de seu sucesso cada uma das pessoas que o ajudaram a conquistá-lo.

Meu mestre, então, encheu todos os outros copos, esvaziando totalmente o copo maior.

E complementou dizendo:

— Se você fizer isso com o coração livre, se dividir seu sucesso, não precisará ter medo de ficar com seu grande copo do sucesso vazio.

Nunca tenha medo, pois você terá sempre muitas pessoas que vão encher seu copo, sempre que precisar, sem que você precise pedir por isso! Essas pessoas o ajudarão sempre a celebrar a vida.

Nunca se esqueça disso. Este é o grande segredo que você jamais deve esquecer.

E eu jamais esqueci.

Obrigado, amigo, por dividir e celebrar conosco esta obra.

Que ela possa lhe trazer inúmeras futuras celebrações.

Obrigado.

Agora minha equipe é um show... E a sua também.

Até a próxima celebração.

Átila e Rosi.

Valeu a pena?
Tudo vale a pena se a alma
não é pequena.

(FERNANDO PESSOA)

Um Case Prático

HEPATITE C —
DA DOR DA DOENÇA
À MILITÂNCIA SOCIAL

Esta é a história real de vida do jornalista **Luiz Francisco Gonzalez Martucci** (na foto abaixo com Átila e Rosi) que, após descobrir ocasionalmente ser portador da Hepatite C, em 2002, precisou recorrer à justiça para fazer o tratamento e percebeu a enorme dificuldade em torno da enfermidade que os portadores viviam, como a ausência de campanhas oficiais e de detecção precoce e a falta de conhecimento por parte da população.

Os fortes e diversos efeitos colaterais típicos do tratamento provocaram uma profunda depressão e algumas tentativas de dar fim em sua vida. Mas a família e alguns poucos amigos foram muito importantes para a sua transformação – de um doente para um ativista social, lutando por dias melhores para os portadores da Hepatite C, por meio da criação e fundação junto a um grupo de amigos de São Manuel (SP) da Organização Não Governamental de Apoio aos Portadores de Hepatite C, chamada C TEM QUE SABER C TEM QUE CURAR. (*www.ctemquesaber.com.br*)

2002: Um Ano de Poucos Sorrisos
Corria o ano de 2002 e tudo estava indo muito bem em minha vida pessoal, familiar e profissional – na área do jorna-

Átila, Martucci e Rosi

lismo e publicidade. Numa tarde de quarta-feira de março desse ano senti que meu cachorro Roquinho estava triste olhando para mim e eu não podia imaginar nem pressentir que uma notícia nada agradável estava por vir. Minha esposa Maria Angélica é enfermeira no Hospital das Clínicas da UNESP de Botucatu e sempre teve o hábito de fazer com dedicação a prevenção à saúde em toda a família. Nessa tarde ela me trouxe o resultado de um exame que ela mesma tinha colhido, me alertando de que eu era portador da Hepatite C.

Eu nem imaginava o que poderia ser essa doença, mas bastaram de imediato alguns cliques no computador, consultando a internet, para me certificar de pronto de que se tratava de uma doença grave, quase sempre sem sintomas, de muita prevalência no Brasil (cerca de 4 milhões de casos), ainda muito desapercebida pela população e com necessidade de maior atenção por parte do Ministério da Saúde, que culminava com uma série de dificuldades para se conseguir exames complementares e o tratamento, e que nem sequer havia a detecção precoce estimulada pelo governo.

Mas isso não era tudo. Tomei ciência de que era um vírus de característica mutante, que não havia vacina, e que de forma lenta e silenciosa ele provocava cicatrizes, inflamação no fígado do infectado, podendo comprometer esse órgão de forma irreversível por cirrose hepática ou câncer de fígado levando a pessoa a óbito, se não curada a tempo.

Também aprendi que a justificativa dessa grande prevalência de doentes era o sangue contaminado não controlado, sobretudo em pessoas que receberam sangue por transfusão antes de 1992, quando não havia o exame específico chamado anti-hcv, além de pessoas e profissionais de saúde que tiveram acidente biológico com material perfuro-cortante, quem compartilhou seringas, quem foi a tatuadores, dentistas, barbeiros e manicures sem ter os devidos cuidados de esterilização, dentre outros fatores de risco. Nossa! Quanta informação nova eu estava obtendo naquele momento. Assustei-me e num sinal de pura fraqueza fugi do problema. Fingi comigo mesmo que estava tudo bem quando, na verdade, minha saúde estava comprometida.

Foi pela insistência quase que diária de minha esposa Maria Angélica que, depois de 13 meses de eu estar enganando a mim mesmo, em abril de 2003, ela me levou até o consultório do Dr. Giovanni Faria Silva, um médico gastroenterologista com consultório na cidade de Botucatu e professor do Hospital das Clínicas da UNESP daquela cidade. Hoje um grande amigo e parceiro de lutas.

Ele me explicou tudo, pediu novos exames, a Hepatite C foi confirmada com um exame de biologia molecular, depois fiz a biópsia hepática, que revelou uma fibrose de moderada a intensa em meu fígado.

Ele receitou um remédio mais fraco (interferon convencional – uma injeção que eu tomei durante seis meses, três vezes por semana), pois as Portarias do Ministério da Saúde não contemplavam pelo SUS a injeção considerada mais potente (interferon-peguilado, que se tomava uma vez por semana). O genótipo do vírus que eu possuía era o de classificação 2. Somente o genótipo 1 era contemplado com a droga mais forte. Mas todos os genótipos atacam o fígado fazendo fibrose e comprometendo o órgão.

Durante esses seis meses de tratamento tive fortes efeitos colaterais, como dores de cabeça e nas articulações, febre, anemia com intenso emagrecimento, coceiras na pele, e o que mais me prejudicou – a alteração de humor com alta irritabilidade e depois uma profunda depressão que me jogou na cama sem vontade de levantar e que me tirou, naquele período, toda perspectiva de vida, momento em que atentei contra a própria vida por duas vezes.

Apoio Fundamental para a Cura

Se não fosse o apoio da família, sobretudo de minha mulher Maria Angélica, que entrou de licença da UNESP para cuidar de mim, de meu filho Pedro Paulo, naquela época com 12 anos, que me deu muito carinho e atenção, de meu pai Paschoal, que vinha todas as manhãs em casa para conversar comigo, e de minha irmã Monica, que estava sempre comigo, certamente eu não estaria aqui para contar esta história. Devo a minha vida a eles.

Passados os seis meses, terminei o tratamento com o vírus indetectável, porém fiz dois exames chamados PCR do RNA para verificar se o vírus continuava ou não no organismo. No primeiro exame com três meses pós-tratamento, continuava indetectável, mas no segundo (e último para ser declarado com a Resposta Virológica Sustentada – Cura), com seis meses pós-tratamento, o vírus reapareceu.

Foi difícil admitir esse fato depois de seis meses de muito sofrimento, mas não havia outro jeito a não ser voltar ao Dr. Giovanni. Ele me disse que infelizmente eu não tinha me curado e que não havia portarias do Ministério da Saúde que me garantissem pelo SUS a chance do segundo tratamento agora com o remédio mais potente (interferon- peguilado) e que, pelas evidências científicas, essa era uma considerável possibilidade de cura.

Procurei um amigo meu, o advogado Dr. José Sylvio de Moura Campos. Sabia que ele também tinha Hepatite C e que não tinha começado o seu tratamento. Ele me mostrou fielmente que o que estava ocorrendo comigo era um cerceamento por parte do Estado a um direito constitucional perante a saúde pública. Convenceu-me de que todos os portadores não-tratados tinham direitos. Impetrou uma liminar contra o Estado. O juiz a concedeu e em uma semana os remédios mais potentes chegaram, e eu pude começar o segundo tratamento. Foram 48 semanas, quase um ano, e depois do mesmo sofrimento com os efeitos colaterais, eu me curei definitivamente.

Aprendi com o Dr. José Sylvio e com o advogado e amigo Dr. Mario Puatto que o Estado foi criado pelo homem com o único objetivo de proporcionar o bem-estar comum ao cidadão com os recursos dos impostos pagos por ele. E que se não houver as contrapartidas constitucionais por parte do Estado, o mesmo pode estar indebitamente apropriado pelo homem que o administra.

O Início da Mudança para a Militância Social

Depois de tanto sofrimento e muita reflexão, espontaneamente comecei a mudar os valores de vida e estava mais humanizado, passei a dar valor em coisas simples que eu não enxergava bem antes da doença, como em gestos de carinho, de amor e de ajuda ao próximo, e passei a dar menos valor em coisas que para mim eram importantes antes da doença, como a pura e simples aparência.

Em meio ao segundo tratamento, em abril de 2004, propus ao Dr. José Sylvio e a outros amigos de São Manuel que também passavam pelo mesmo problema da Hepatite C, dentre eles o Dr. Mario Puatto, o Tani Bertozzo, o Flávio Rahal, (éramos muito maltratados por alguns funcionários da Divisão Regional de Saúde de Botucatu) de montarmos um grupo de apoio aos portadores de Hepatite C para mostrar à sociedade esse problema e lutar por dias melhores para os portadores que passavam pela mesma situação ridícula que nós.

Descobrimos um ativista social das Hepatites no Rio de Janeiro, o Carlos Varaldo, coordenador do Grupo Otimismo, muito conhecido em todo o Brasil, que nos ajudou na estru-

Um *Case* Prático   Hepatite C – da Dor da Doença à Militância Social   123

turação e na montagem da ONG. Conhecemos também e tivemos o apoio de importantes organizações do Estado de São Paulo que nos apoiaram em nosso início, como o Jeová, do Grupo Esperança de Santos, o Sidney da Transpática de São Paulo, a Regina do HC Vida de São Paulo e a Mick do Unidos Venceremos de Cotia. E depois tantos outros grupos apareceram pela mesma luta.

Foi assim que nasceu em abril de 2004 a ONG C TEM QUE SABER C TEM QUE CURAR (*www.ctemquesaber.com.br*) com o princípio básico de que informar e ser informado é um direito inalienável do homem de todos os tempos e com a missão de lutar junto ao Ministério da Saúde para priorizar a atenção às Hepatites Virais que têm enorme prevalência, tornando-se muitas vezes uma verdadeira *via crucis* na vida de um portador em busca de exames e tratamento, pelos constantes gargalos verificados no fluxograma do SUS. Muitos pacientes não conseguiam tratamento; e para quem tinha a sorte de conseguir, a demora era de muitos meses.

E com o compromisso determinante de lutar pelo portador aflito é que estamos militando até os dias de hoje com o apoio dos mais importantes segmentos que constituem a sociedade brasileira, com a realização de campanhas de informação e de detecção precoce, palestras, eventos junto a órgãos públicos e empresas da iniciativa privada que exercitam a responsabilidade social, sempre ao lado do portador, ao qual procuramos dar toda a assistência, com apoio nos encaminhamentos junto aos centros de tratamento. Diariamente recebemos e-mails e telefonemas de portadores de Hepatite C de todo o Brasil com histórias parecidas, quando o seu direito é esbarrado na burocracia e na frieza estatal. Procuramos ajudar a todos.

Nessa jornada tivemos a sorte de conhecer médicos especialistas respeitados internacionalmente, e com caráter social bastante visível, dentre eles, além do Dr. Giovanni, que comanda o Pólo Assistido ao Portador de Hepatite C na UNESP de Botucatu, importante para o país, a Dra. Eloiza Quintela do Albert Einstein, o Dr. Roberto Focaccia do Emilio Ribas, os doutores Sérgio Mies e Ana Olga Mies do Dante Pazzanese, e o Dr. Evaldo Stanslau de Araujo do HC de São Paulo.

Participamos da formação da Frente Parlamentar de Hepatites no Governo Federal (Presidida pelo Deputado Federal Geraldo Thadeu) e no Governo do Estado de São Paulo, (Presidida pelo Deputado Estadual Fernando Capez) atuando sempre para que as portarias ministeriais (muitas vezes restritivas ao acesso do portador aos medicamentos) estejam mais próximas das evidências científicas e das diretrizes terapêuticas que justificam e caucionam o tratamento. Aprendi com justiça que não é possível tratar todos, mas que o Estado não pode virar as costas a quem realmente necessita do tratamento.

Com essas novas em minha vida fui me tornando uma pessoa bem mais imbuída do bem coletivo e consciente de que o maior patrimônio de uma nação é seu povo e que o maior patrimônio do povo é a sua saúde.

Como nada ocorre por acaso na vida das pessoas, a Hepatite C me serviu para despertar o lado social, em um verdadeiro processo do resgate da essência construtiva do ser humano. Diariamente ajudamos portadores desassistidos, acuados, sem informação. Olho nos olhos deles e como no espelho vejo os meus olhos de cinco anos atrás. Com isso a solidariedade passou a ser o meu principal valor.

Hoje sou uma pessoa muito mais feliz... Simplesmente por poder ajudar o próximo...

Luiz Francisco Gonzalez Martucci

Conheça Átila e Rosi, Conferencistas e Ilusionistas Internacionais

Átila e Rosi são hoje conferencistas e ilusionistas internacionais, consagrados pela realização de palestras, grandes espetáculos e pela TV nacional e internacional. Trabalhando juntos há mais de 20 anos, a dupla possui uma história de grande versatilidade: atuaram em campanhas publicitárias, filmes e VTs, lançamentos de produtos, shows coorporativos, palestras-show, licenciamentos, especiais de TV, homenagens, performances de alto risco, recordes mundiais e grandes desafios. Dirigiram empresas, apresentaram programas de TV, peças teatrais, grandes espetáculos e licenciaram produtos.

Showmen por excelência, eles são conferencistas, ilusionistas, artistas, atores e muito mais... O entretenimento e a busca por mais resultados com menos esforço é o ambiente constante no dia-a-dia dos ilusionistas. Devemos destacar em suas atuações, além de grandes números de ilusionismo, as apresentações de palestras e shows corporativos, em que se destaca a interatividade, um excelente conteúdo e o humor fino e inteligente. Átila e Rosi ajudaram, literalmente, a construir a história do ilusionismo corporativo no Brasil nos últimos 30 anos.

De fácil absorção, o conteúdo das palestras e treinamentos é apresentado através de uma oratória vibrante, acompanhada por números de mágica, ilusionismo, música (com DJ ao vivo), efeitos especiais, multimídia e técnica teatral onde demonstram claramente a experiência adquirida em 30 anos palestrando para diferentes platéias em todo o mundo!

Átila e Rosi apresentam um novo, inédito e inovador método pedagógico, criado ao longo de muitos anos de prática e experimentos. Método esse que desperta o interesse e produz alta assimilação do conteúdo ministrado; dando excelentes resultados imediatos.

A platéia participa ativamente de uma palestra séria e eficaz, acompanhada de muita interatividade e diversão. Ela aprenderá de maneira inesquecível a utilização de ferramentas eficientes para o aprimoramento pessoal e profissional.

Além de produzirem e realizarem espetáculos, Átila e Rosi têm participações em especiais de TV em grandes desafios internacionais. De 1993 a 2002, Átila e Rosi dirigiram a WMS Mídia e a Centro Oeste Produções – produtoras independentes de televisão, onde produziram, dirigiram e participaram de inúmeros comerciais de TV, lançamentos de produtos, programas de TV independentes, especiais de TV e documentários.

Sobre os Autores

Átila Quaggio Coneglian – Consultor; conferencista; escritor; publicitário; jornalista; técnico em Administração de Empresas; ilusionista consagrado pela TV nacional e internacional; recordista mundial em ilusionismo (dirigir veículos com olhos vendados); apresentador, diretor, ator e produtor de cinema, TV e teatro; mestre de cerimônia; especialista em efeitos especiais e traquitanas para cinema, TV e produções teatrais. Cursando atualmente pós-graduação em Psicopedagogia clínica e institucional.

Rosimeire Marques da Silva Coneglian – Conferencista; escritora; pedagoga especialista em Educação com especialização/Pós-Graduação em Educação Especial; jornalista; publicitária; ilusionista consagrada pela TV nacional e internacional; apresentadora, diretora, atriz e produtora de cinema, TV e teatro. Cursando atualmente pós-graduação em Psicopedagogia clínica e institucional.

www.atilaerosi.com.br

Outros Livros dos Autores:

- Marketing do Camaleão, a Trajetória de Sucesso!
- Cartomagia a arte de fazer mágicas com cartas!
- Criatividade – Os segredos da Ação Mágica Coorporativa!

GRÁFICA PAYM
Tel. (011) 4392-3344
paym@terra.com.br